天畠大輔
Daisuke Tembata

〈弱さ〉を〈強み〉に

――突然複数の障がいをもった僕ができること

Eurus Notus Boreas Zephyrus

岩波新書
1898

はじめに

みなさんはスティーヴン・ホーキング博士という宇宙物理学者をご存じですか？

ＡＬＳ（筋萎縮性側索硬化症）に罹患しながらも、ブラックホール研究をリードするなど数々の業績を残した世界的に有名な科学者です（彼の著書『ホーキング、宇宙を語る』は世界中でベストセラーとなりました）。ＡＬＳとは、全身の筋肉が動かせず、自発呼吸や発話もむずかしくなってしまう疾患です。しかし、そのような状況で、ホーキング博士は人工呼吸器を利用しながら、わずかに動く頰の筋肉を使ってパソコンを操作し、研究や論文執筆をされていたそうです。

そのホーキング博士は、一四歳のときから僕が憧れてやまない人物になりました。

僕が博士に憧れる理由は、この本、『〈弱さ〉を〈強み〉に』を読んでいただけたらわかると思います。

僕の名前は天畠大輔《てんばただいすけ》です。東京で一人暮らしをしています。僕は車いすを使って生活しており、日常のなかで、二四時間の見守りも含めた介助が必要です。全身が自由に動かせず、目が見えにくく、さらに自分の口で話すことができないため、訓練を受けた介助者に通訳してもらう必要があります。

さらに、意思と関係なく身体が動いたり、よだれが出てしまったり、筋肉の緊張が起こったりということがよくあります。筋肉の緊張の影響で頻繁にあごがはずれ、呼吸がしにくくなるため、誰かが常にすぐそばにいる必要があります。

一四歳までの僕は、よく食べ、身体が大きく、ガキ大将気質《かたぎ》な〝普通〟の子どもでした。勉強もそこそこでき、進学校に通っていました。

ところが一四歳のとき、若年性急性糖尿病で救急搬送された病院での処置が悪く、心肺停止になりました。それが原因で低酸素脳症になり、「重度身体障がい者」に。四肢マヒ、発話障がい、嚥下《えんげ》障がい、視覚障がいなどの重複障がいを抱えることになったのです。

そのため、僕は身体を自分で動かせないだけでなく、外の世界とのコミュニケーションをとることもできませんでした。

最初は、すぐに治るだろうと思い、「退院したらラーメンを食べたいなぁ」なんて呑気なことも考えていました。また、僕だけでなく家族も、人工呼吸器を外せばよくなる、発話できるようになる、と期待していたようです。

しかし、半年たっても手足は自由に動かず、人工呼吸器をとったあとでも発話は不可能なままでした。

耳は聴こえていて、情報は入ってくるけれど、それについて何も応対することができない。今でもそのときのことを思い出すと、ぞっとします。当時の僕は、時間がたっても変化の兆しが少しも見えないという状況に、苦悩と絶望を募らせることしかできずにいました。

しかし、母が考えた「あ、か、さ、た、な話法」(以下、「あかさたな話法」)によって、僕は自分の意思を他者に伝えることが徐々にできるようになっていきます。この話法については、あとで、詳しくお話しします。

その後、大学、大学院へと進学し、二〇一九年春に博士号の学位を取得しました。

今は二四時間の介助とともに自立生活をおくりながら、介助者を派遣するための会社も経営しています。

この本では僕の中学生のときからの軌跡をまず、お伝えしたいと思います。

この間、家族のみならず、多くの友人、ボランティアなどが介助者として、僕の生活を支えてくれています。はじめは介助はまったく素人という人が多かったのですが、みんな僕の特殊な介助を学び、いっしょに試行錯誤しながら、いろいろな困難のなかを進んできました。

しかし、僕には日々ジレンマがあります。

僕と介助者との関係性は、一筋縄ではいかないものがあるのです。

たとえば先日、カフェで僕は「お」「こ」「る」「よ」と介助者に言いました。この言葉は、その介助者が引き継ぎを怠っていたことを指摘した流れで伝えたものでした。彼女は「本当にすみません。今後は気をつけます……」と落ち込んだ様子で応答し、僕はそんな彼女に、続けて「け」「え」「き」と、伝えました。

このとき僕が彼女に伝えたかったのは、「元気出して次からまた頑張って!」というメッセージでした。そのための「ケーキ奢るよ」であり、「お」「こ」「る」「よ」だったのです。

自分で言葉を発することができない僕が、どうすれば相手によりスムーズに、正確に気持ちを伝えることができるか。介助関係を長く続けるためには、互いにどんなコミュニケーションが必要なのか。これは常に、僕についてまわるテーマです。

僕は大学院の研究で、当事者と介助者との関係性を問い直すことで、「コミュニケーション」

とは、「自己決定」とは何かを考えてきました。そのことについても、この本で語っていきます。

そして、障がいのある人が社会で生きていくうえで必要な社会的な制度とは何か。

今ある、介助者派遣制度の課題とは。

生活保障だけでなく、社会のなかで生きる存在としての障がい者が、どのように自己実現をしていくのか。

自己実現によって、障がい者もまた社会に貢献することができるのではないか。

このようなことを、僕の日々の具体的な経験とともにお話ししていければと考えました。

人間にとって、コミュニケーションをとるということは、大切なことです。一度それを失い、また取りもどし、でもそのありかたについて日々考えている僕の経験は、いま「コミュニケーションのとりかた」に悩んでいる人にも、その生きづらさを解き放つ、なんらかのヒントになるのではと思っています。

僕は経済的な面などで、大変恵まれていたかもしれません。大学進学を叶《かな》えるために家庭教師をつけたり、大学の近くに家族で越したり、ひとりっ子だったことも相まって、経済面や周りの環境に恵まれていたからこそ、さまざまなことに挑戦できたと思います。でも、僕のこれまでの経験や、今も好奇心のままに挑戦し続ける生き方を、「特別なもの」で終わらせたくないのです。重度の障がいがあっても、チャンスが与えられる社会。そんな社会に、もっと近づけたい。そう考えるなかで、この本を書くことにしました。

なお、この本で使う言葉について、はじめに少し説明させてください。まず、「障がい」という言葉については、法律用語や団体名以外では「障害」ではなく、「障がい」と表記しています。「害」という漢字にはどうしても負のイメージがついてまわるため、僕は日ごろから「障がい」という言葉を使います。

また、障がい者の主体性を重視する自立生活運動では、当事者をサポートする意味合いの強い、「介助」が使われていることから、この本でも「介護」ではなく、「介助」を使っています。ただし、僕の両親によるケアについて言及する際には、「家族介護」という用語が一般的であるため、便宜上「介護」と使い分けています。

編集部　この本の内容の読み上げ機能がついた電子書籍は、二〇二一年一一月二五日に配信開始の予定です。詳細はおって小社ＨＰにてお知らせいたします（ＵＲＬはこちら→http://iwnm.jp/431898）。

目次

ワ	ラ	ヤ	マ	ハ	ナ	タ	サ	カ	ア	行/段
わ	ら	や	ま	は	な	た	さ	か	あ	ア
を	り		み	ひ	に	ち	し	き	い	イ
ん	る	ゆ	む	ふ	ぬ	つ	す	く	う	ウ
	れ		め	へ	ね	て	せ	け	え	エ
	ろ	よ	も	ほ	の	と	そ	こ	お	オ

「も、く、し」

じ

「もくじ」

はじめに

1章 「障がい者」になる …… 1

留学先での変調／意識が朦朧と／治療が開始、しかし……／昏睡状態に／痛みが伝えられない／一般病棟に／「あかさたな話法」の誕生／記憶がはっきりしている／院内学級が始まる

コラム 「あかさたな話法」とは …… 17

2章 リハビリテーションの施設、養護学校へ …… 25

施設に入所する／施設での生活／専門職との出会い／施設での生活を振り返って／外泊のときに思ったこと／学校での学び／溝口先生との出会い／「まず一年、生きてみないか」

コラム 特別支援学校 …… 46

3章　家で暮らすために …… 51
在宅生活を始める／僕に必要な介助とは／ボランティアメンバーとの出会い／大学をめざす／受験までの高いハードル／ルーテル学院大学の受験へ／僕だけの受験じゃない
コラム　合理的配慮 …… 69

4章　大学進学、そして、ルーテルでの日々 …… 75
大学生活スタート／どう単位を取るのか／大学での時間が増える／ボランティアの限界／LSSの立ち上げ／学びの宝庫であり、リクルートの宝庫／卒論を書く／大学生活で得たこと
コラム　大学での障がい学生支援 …… 96

5章　二四時間介助への道 …… 101
武蔵野市へ／ピアカウンセリングで受けた衝撃／支給時間の交渉について／ボランティアから介助者へ／二四時間介助獲得に向けて／支給時間とコミュニケーションの質の変化／自治体との支給時間数交渉

コラム　重度訪問介護制度 …… 115

6章　介助者との関係性を創る …… 121
身体介助だけでなく、コミュニケーションのための介助者／「介助者手足論」と「おまかせ介助」／博論執筆とジレンマ／自己決定の質における“With who”／引き継ぎ問題と遠隔地介助／介助者の配慮と僕の責任／障がい者介助のこれから／「友だち以上介助者未満」の関係／介助者は交換可能か／「大輔さん、本当にいいんですか？」／組織としての介助者集団／「ともに創り上げていく」関係

コラム　自薦ヘルパー……150

7章　当事者事業所の設立……155

事業所をつくりたい／事業所設立の理由／事業所を設立する／大学院へ進学する／「親亡き後」を考える／一人で暮らせる家をさがす／介助者とやることがない／当事者事業所の運営／大学院での研究／三つのプロジェクトが循環

コラム　「一般社団法人わをん」をつくる……181

8章　〈弱さ〉と向き合い、当事者になる……187

個人モデルから社会モデルへ／「能力」という個人モデルを捨てきれず／上野千鶴子教授との出会い／母との距離を取る／「依存」しなければ生きられない／〈弱い〉主体としてのあり方も受け入れる／

当事者研究に取り組むまで／当事者研究の可能性／自己表現のすすめ／プロジェクト型介助論の提案／選択肢と「ケイパビリティ・アプローチ」／当事者の選択肢を広げる支援をしたい

おわりに …… 225

主要参考文献 …… 231

イラスト　藤原ヒロコ

1章　「障がい者」になる

留学先での変調

僕の身体の変調は、一四歳のときに留学していたイギリスで始まりました。まず、なぜ留学したのかの背景から自己紹介を始めたいと思います。

小学校から進学校に通っていた僕ですが、エスカレーター式に中学に上がってからは学校の雰囲気が殺伐《さつばつ》としていて、馴染めませんでした。中学では、小学校からの同級生が半分と、あと半分は受験戦争に勝った優秀な生徒たちで、小学校までのほんわかした雰囲気は消え去っていました。ひたすら教科書の知識を詰め込まれる毎日に、僕は学校での居場所が感じられず、徐々に不登校になっていったのです。

あるとき、父の本棚に不登校の本があるのを偶然見つけ、父が密かに学んでいたことに気づき、僕は劣等感と親に対する申し訳なさで押しつぶされそうになりました。学校に行かなくては、という気持ちは常にあったのですが、進学校ゆえ授業のスピードがとても速く、一度でも休むとついていけず、ますます足が遠のいていき……。

そこで僕は人生やり直しという意気込みで、留学することにしました。両親もおそらく、不登校でいるより体裁もよいから、という理由もあり、後押ししてくれたのだと思います。

留学先は、比較的暑くも寒くもない気候と、ドーバー海峡が見える立地が気に入って、ロンドンのとある学校に決めました。そして、今のつまずきを挽回《ばんかい》するぞ! と期待に胸膨らませ、一九九六年一月、ヒースロー空港に降り立ったのです。

しかし、空港では迎えに来るはずの車が遅れ、さらにやっと寮にたどり着いたら手違いで鍵が見つからない、という不運に立て続けに見舞われることに。初日は、その学校に唯一いた日本人留学生の部屋に急遽《きゅうきょ》泊めてもらったものの、食べるものもなく、母が手土産に、と持たせてくれたカステラをかじって一晩をしのぎ、その唯一の日本人留学生は、残される僕を案じながらも翌日帰国していきました。

そんな波瀾《はらん》の幕開けの後、僕は留学早々に重度のホームシックとなり、食欲が落ちて、嘔吐と下痢が続きました。そして、その体調不良がさらに不安を増幅させ、コレクトコールで毎日家に電話をかけて過ごしていましたが、ついに二か月後にはドクターストップ。帰国となりました。現地の医師の診察を受けたときにはストレスによる胃潰瘍だろう、という説明で、僕も両親も帰国して少し療養すればまたすぐ元気になると、そこまで深刻にはとらえていませんでした。

中学生で成長期を迎えた僕は、当時すでに身長一八〇センチオーバー、体重は一二〇キロ。

しかし、帰国して一、二か月自宅療養しているうちに三〇キロも体重が減り、体調もどんどん悪化していきました。

意識が朦朧と

止まらない身体の変調に不安は強くなり、何軒もクリニックや病院を受診しました。しかし、どこへ行っても「ストレス」と診断され、精神安定剤を処方されたことも。僕は診断結果に疑問を感じ、その薬は飲みませんでした。

そして四月二八日、七軒目の病院から戻った日、突然失禁し、徐々に意識が朦朧《もうろう》となりました。食事が摂れないことから、病院でブドウ糖の点滴を受け、家に帰ってきたときでした。異様に喉が渇き、水分を摂ろうとペットボトルを持ったが、うまく口に運べず、顔に全部かかっていたことを、遠のく意識のなかで記憶しています。

ここからあとのことは、後日母から聞いたこととともに書き留めます。

明らかに様子がおかしい僕を見て、母は病院でもらっていた紹介状にあったこども病院に電話をかけました。しかし、電話に出た当直医は、その緊急性を理解してくれず「朝まで様子を見るように」としか答えてくれませんでした。翌朝、僕はもう完全に意識を失っていたのです。

そのとき僕の体温を測ると、三三℃しかありませんでした。母はすぐにまたこども病院に電話をかけ状況を説明すると、「すぐ車で来てください」と言われたそうです。

でも母の判断で、救急車で病院に向かいました。そのため、ゴールデンウィークの渋滞のさなかでしたが、二〇分で着くことができたそうです。もし車で二時間かけて向かっていたら、どうなっていたかわかりません。

治療が開始、しかし……

こども病院での診察の結果、若年性急性糖尿病と診断され、治療が開始されました。こども病院でできた検査では、測定不可と出るほど血糖値が高かったのです（後の再測定で血糖値一〇一六と判明しました）。

しかし、病院側は、それほど深刻な状況とは受け止めていなかったようです。僕は病室で一人、パルスオキシメーター（血液中の酸素の量と脈拍数を計るための機器）なども付けずにベッドに寝かされていました。大きな身体の僕が、急に目覚めて暴れてはいけない、とベッドの柵に両手が縛りつけてあったそうです。

両親は診断が出て少しほっとし、入院の準備をしていました。後の医療裁判で明らかになりましたが、このとき病院側が適切な処置を怠ったことにより、僕は入院して約三時間後には心肺停止になってしまっていたのです。父が病室に戻ったとき、目を開けて反応のない僕の異変に気づきました。そのとき、心肺機能の著しい低下が生じてから少なくとも二〇分以上は経過していたと、後に診断されています。心臓が止まったことにより酸素が行き届かず、脳に大きなダメージを負いました。低酸素脳症です。

その場ですぐ心臓マッサージなどの蘇生《そせい》処置がおこなわれ、ＩＣＵに移動となりました。この日は四月二九日。ここからちょうど一〇〇日間を、僕はＩＣＵで過ごすことになります。

昏睡状態に

そこから一週間、危篤の状態が続きました。ＩＣＵに入院した翌日、両親は医師から脳死状態だと告げられました。個室に呼ばれ、医師から説明を受けたそうです。母は、直線を描く僕の脳波のグラフと、「フラットです」という医師の言葉を鮮明に記憶している、と今も言います。

脳死とは、いわゆる「植物状態」とは異なり、意識がまったくなく、痛くも苦しくもなく、何も感じない状態です（「植物状態」の人も意識がない、という学説もありますが、僕はすべての意識障がいの人は表出できなくとも周囲の刺激をわかっていると思います。なので、僕は

「植物状態」の人を「社会からコミュニケーションを隔絶された人」と認識しています）。

当時の僕の姿は大変ショッキングだったようです。身体には呼吸器を含めて六本ものチューブが繋がり、急変時いつでも対応できるように衣服は身に着けず、陰部にのみハンドタオルがかけられた状態でした。また、開いたままの眼球の上には乾燥防止のためゼリー状の軟膏が棒状に載せられていたそうです。次の日になっても、それは眼球の上でそのままのかたちを保っており、それは僕が一度も瞬きをしていないことを意味していました。その姿を見たときに母は「もうこの身体に大輔はいない」と思ったそうです。

一度脳死状態に陥った僕でしたが、幸いにもその後バイタル（血圧、脈拍、体温など）が少しずつ改善し、二回目の脳死判定はおこなわれませんでした。ここから約二週間は「まだら昏《こん》睡《すい》」の状態でした。

最初に意識が少し戻ったときのことは、今でも思い出します。「ここはどこだろう」と思ったとき、パルスオキシメーターの「ピー、ピー……」という音、消毒用アルコールの匂い、そして、目に違和感があることに気づきました。視界がぼやけ、人の顔の輪郭《りんかく》もはっきりと見えませんでした。次に、手の痛みに気がつきました。両手がじゃんけんのグーの状態から開くことができず、常に上から何かに押しつけられるような強い痛みを感じていたのを覚えています。

そして、その痛みを伝えることすらできなかったのです。「息ができていない」。人工呼吸器が繋がれていると知ったのは、だいぶあとのことでした。そのときは、もっと寝たいという気持ちが強く、朦朧とした状態が続きました。

もう一つ、このときの記憶にあるのが「手ぬぐいの幻覚」です。僕の枕元に「い、ろ、は、に、ほ、へ、と……」と書かれた手ぬぐいがある幻覚が見えました。これは後ではっきりと思い出したことなのですが、このときも無意識にコミュニケーションをとる方法を模索していたのだと思います。

痛みが伝えられない

入院して三週間が過ぎたころ、僕は昏睡状態から目覚めていました。しかし、ラジオの音、医師や看護師の会話、両親の声……まわりの状況は理解できても、反応を返すことがまったくできず、両親は「植物状態で、知能は幼児レベルまで低下している」と医師から説明を受けていました。

あるとき、母が僕におもしろい話をしたら、ピクッと僕の顔が動いたそうです。母は「大輔は理解している」と感じ、脳神経科の医師にこのエピソードを伝えましたが、「考える能力はないから、違います」と冷たく返されてしまいました。そのとき僕は、自分が理解できていることを必死に伝えようとしましたが、身体が動かず、反論できなかったのです。それが悔しく、また、今の自分の状況を説明してもらえるわけでもなく、頭のなかではパニックになっていました。

最も辛かったのは、痛みを伝えられないことでした。昏睡状態を脱してからは、痛みとの闘いが続き、特に、褥瘡《じょくそう》（床ずれ）の術後の傷に、とても苦しめられたことを思い出します。危篤状態のとき、体位交換ができなかったために臀部《でんぶ》の肉、握りこぶし二個分が壊死してしまい、計二回手術がおこなわれました。

一回目の手術は臀部の壊死した肉を切除し、空洞にするためのものでした。またこのとき、自発呼吸が戻る見込みはない、と気管切開術も同時におこなわれることに。二回目の手術は、空洞にした臀部に周囲から肉を持ってきて埋める、というもの。いずれも全身麻酔で手術はおこなわれましたが、その後は血圧が下がることを恐れて、痛み止めなどがいっさい使えませんでした。看護師が僕の心拍数を見て「全速力で走っているのと同じ」と言っていたのが耳に残っています。生身を切り裂かれるような激痛が続き、心拍数が一九〇を超えていたのです。しかし、その泣き叫びたくなる激痛を他者に伝える術がありませんでした。

また、その手術の傷がまだ癒えないなかでリハビリが開始されました。リハビリの内容は、呼吸器をつけたままベッドで上体を起こして座り、無理に開脚して枕で固定するというもの。臀部の傷は引きちぎられるような激痛で、全身汗びっしょりになりましたが、それでも、「痛い」「やめてくれ」と伝えることができませんでした。次、いつリハビリの時間が来るのかという恐怖に怯えて過ごしていたことを強く覚えています。

ＩＣＵには七床のベッドがあり、最重度の患者が中央に置かれる配置になっていて、僕はＩＣＵにいるあいだ、その大半を中央のベッドで過ごしました。そして、同時期に入院していた子どもの多くは、亡くなっていきました。

一般病棟に

呼吸器が外れれば一般病棟に移れると聞き、抜管《ばっかん》できる日を心待ちにしていました。一般病棟に移れれば、あとは順調に元の身体に回復していく。勉強の遅れを取り戻して、また留学先に戻ろう……当時はそんな未来を思い描いていたのです。

ＩＣＵで九九日目に抜管検査がおこなわれ、十分な自発呼吸が戻っていることを確認。そして一〇〇日目に呼吸器が外れ、一般病棟に移ることができました。その日はちょうど病院の夏祭りの日でした。四月末に入院した僕にとっては、季節が一気に夏に変わってしまったような、不思議な感じがしたものです。

ストレッチャーで食堂の前を通ったとき、ミートソーススパゲッティの匂いがしたのを覚えています。長く、薬品の匂いしかしない空間にいたため、「美味しそうなご飯の匂い」はとても懐かしく、新鮮で、記憶に強く残っています。しかし当時はまだ経管栄養だったので、実際にその「懐かしい匂い」を味わえるのは、しばらく先のことでした。一八〇センチを超える身長で、こども病院のベッドからいつも足がはみ出ていた僕でしたが、体重は六〇キロにまで落ちていました。

一般病棟に移っても、身体がまったく自由に動かず、呼吸器は外れてもまだ気管切開は塞いでいなかったため、声はいっさい出せないままでした。ＩＣＵのときと違い、面会時間が長くなり、両親の声かけや母と医師、同室者の親どうしの会話など、周囲の情報が入ってくる機会も増えました。僕はそれらをすべて理解していましたが、ただ泣くか笑うかという表現しかできませんでした。家族は担当の医師から「幼児レベルですから」と言われ、実際僕を〝身体の大きな幼児〟のように扱う看護師は一人ではなかったのです。

しかし、幸いにも僕のプライマリー（担当）看護師は違いました。彼は、当時ではかなり珍しい男性看護師であり、また、僕を一人の一四歳の若者として見てくれた、数少ない人でした。彼は、イエスのときは右手を、ノーのときは左手を動かす、というコミュニケーションを僕に提案して、実際に試してくれました。

僕は今でも自分の意思によって筋肉を動かす動作、つまり随意《ずいい》運動がうまくいかない障がいが残っていますが、当時はより困難でした。思ったように右手、左手を動かすことがむずかしく、誤って解読されることが多かったのです。また、相手の出す選択肢に諾否を示すことしかできず、とても限定的な使い方しかできませんでした。

しかし彼のこのアイディアが、暗闇に閉じ込められた僕を、再び〝コミュニケーションの喜び〟に連れ戻してくれる確かなきっかけのひとつとなりました。

「あかさたな話法」の誕生

他者とのコミュニケーションがとれなくなってから半年後、母とのある出来事をきっかけに「あかさたな」の五〇音を使って意思を伝える方法が誕生しました。

その日、母がお昼の面会に来たとき、僕はベッドで泣き続けていたそうです。医師に伝えると、「感情失禁」というもので、泣き始めると意味もなく泣き続けるので大丈夫、と言われたそうです。しかし母は、「そんなことはない、状況判断はできるから、何かを伝えようとしているはず」と考え、なんとかコミュニケーションをとれないかと必死に考えました。

そのときに、会社員時代に使用していた、テレックスタイプライターを思い出し、母音と子音の五〇音を組み合わせるやり方で、意思疎通をとることを思いついたそうです。

「ねぇ、大輔、頭のなかであかさたなの五〇音をイメージしてくれるかな？　あっ、泣きやんだね、五〇音がわかるんだね。母さんが、あかさたなはまやらわって、ゆっくり言うから。たとえば、てんばたの『て』だったら『た』行だよね。その『た』になったら、舌を動かせるかな？　今度は、たちつての『て』で舌を動かしてね」

母はゆっくりと「あ、か、さ、た、な……」と繰り返し言いました。僕は母が「は」と言うときに合わせて、渾身《こんしん》の力で（実際にはわずかにしか動かない）舌を動かしました。

「『は』行ね」

今度は、「は、ひ、ふ、へ、ほ……」を、また何度も繰り返し、母は「へ」のときにわずかに動く僕の舌に気づいてくれました。そうやって僕は一時間以上かけ、母に「へ・つ・た」の三文字を伝えました。それでも「へ・つ・た」がどんな意味なのか、母はすぐにはわからないようでした。

「『へつた』ってなんだろう……『へつた』で合ってるのよね？」

僕は舌を動かして「イエス」と答えました。

そのとき、母はスタンドに掛けてある、空の経管栄養に気づいたのです。

「え？　もしかして経管栄養がなくなって、おなかが空いているって意味なの？」

伝わった瞬間、僕は顔中の筋肉をゆがませて泣きました。僕の言葉が初めて母に、人に伝わった瞬間でした。

そのあと、母と二人で喜び、思いきり泣きました。次に僕が母に伝えた言葉は「あ、り、か、と、う」でした。

この「あかさたな話法」については、次のコラムで詳しく記述します。

記憶がはっきりしている

コミュニケーションを少しずつとれる病院生活になってくると、医師の心ない言葉を撤回させたいと、母は僕に記憶力のテストをすることにしました。イギリスから帰国したときのトランクがほぼそのままになっていたので、鍵が開くかどうかやってみることにしたのです。

「大輔、トランクの鍵のナンバーを覚えている？」との母の問いかけ。「一、二、三……」と数字を順番に言う母に、僕はまた舌を動かして四桁の数字を伝えました。

母が家に戻ってその番号を試すと、半年ぶりにトランクが開いたのです。なかにあった物は、僕が元気だったときの本や衣類で、まるでタイムカプセルのよう。渡せないままになってしまった友人たちへのお土産もたくさんでてきました……。

思っていた通りのしっかりした記憶力があることを母は確信し、同時に、この半年の「閉じ込め症候群」の日々は、頭がクリアなだけにどんなに辛かったことかと思ったそうです。

院内学級が始まる

話は少し遡《さかのぼ》りますが、一般病棟にきて一か月後くらいから、病院の向かいにある肢体《したい》不自由養護学校（現在の特別支援学校）から教師がきて、週に二度ほど、僕のベッドの脇で授業をしてくれました。いわゆる院内学級です。

僕の担任の先生は音楽が専門で、ベッドサイドで音楽のＣＤを聴かせてくれ、正直退屈でしたが、寝ているだけよりは刺激がありました。ほかにどんな勉強がしたいか、リクエストを聞いてくれ、僕は三角関数と「坊っちゃん」の朗読を希望しました。勉強で遅れをとっていると いう、焦りがあったのだと思います。先生は教科書の「サイン・コサイン・タンジェント」の説明を一生懸命読み上げてくれるのですが、単調な説明を耳だけで聞いて理解することは、至難でした。「退院したら、自分で勉強し直さなきゃなー」などと考えながら聞いていました。

一方で、この時期に障害者手帳を取得しました。医療費助成や自分の身体にあった車いすをつくるために仕方なく、という気持ちからでした。それまでは自分は〝患者〟であり、治療を受けて元の身体に戻って退院する、と信じていたのですが、手帳が届いた瞬間に〝障がい者〟というラベルを貼られた感覚がありました。治る希望はまだ強く持っていましたが、コミュニケーションがまだまだうまくとれていなかったこともあり、ここからしばらく絶望……という か奈落《ならく》の日々が続くのです。

コラム　「あかさたな話法」とは

僕のコミュニケーション方法である「あかさたな話法」について、詳しく書きたいと思います。

先に書いたように、僕は入院してから半年間、コミュニケーションがとれませんでしたが、母のおかげで少しずつ言葉を他者に伝えられるようになっていきました。この話法は、拡大代替コミュニケーション(以下、AAC〔Augmentative and Alternative Communication〕)と呼ばれるコミュニケーション手段のひとつです。AACとは、重度発話障がいがあり、まばたきや顔面をわずかにしか動かせない人たちが、コミュニケーション障がいを緩和するために用いる方法と定義づけられています。

AACのなかでも、僕が使用するのは聴覚走査法《ちょうかくそうさほう》と呼ばれるものです。聴覚情報と体の動きを駆使してアウトプットをおこなう手法で、僕の場合はコミュニケーション機器を用いず、人に直接読み取ってもらう方法を取っています。

これまで数々の機械や最新テクノロジーを使ったコミュニケーションツールを試用しましたが、機械を操作するのに時間がかかりすぎたり、誤入力が多すぎるという問題がありました。

僕には、自分の意思とは関係なく身体が動いてしまう不随意運動があり、さらに筋肉の緊張がとても強く、身体の動きをコントロールすることがむずかしいためです。二〇年以上あらゆる方法を試みてきましたが、ついに僕は機械の使用を諦め、直接人に読み取ってもらう現在の方法に行き着いたのです（ＡＡＣや聴覚走査法の具体的な例については、僕の自伝『声に出せないあ・か・さ・た・な』、鈴木公子『おしゃべり目玉の貫太郎』を参照）。

それでは、僕の「あかさたな話法」について解説したいと思います。想像しやすいように具体例を説明します。なお、このコラムの最後にあるＱＲコードからは「あかさたな話法」の動画を見ることができます。

たとえば、「テーブル」と伝えたいときは、まず介助者が僕の腕を取り、「あ、か、さ、た、な……」と行の頭文字を読みあげ、僕は声のタイミングに合わせて「た」行のところで腕を引きます。さらに、介助者が「た、ち、つ、て、と」と「た」行を読みあげ、僕は、介助者が「て」と言うときに合わせて腕を引くことで、最初の文字は「て」だとわかります。

このように、ほかの文字も同じ方法で読み取り、組み立てていきます。すると「て、え、ふ、る」となります。「ー」（長音）や「゛」（濁点）、「゜」（半濁点）、「っ」（促音《そくおん》）、「ゃ」「ゅ」「ょ」（拗音《ようおん》）は、文字を読み取った後に介助者が確認するか、または推測して言葉に変換します。こうして初めて、「テーブル」として伝わります（図１参照）。合図を送る場所は、比較的、不随意運

ワ	ラ	ヤ	マ	ハ	ナ	タ	サ	カ	ア	行/段
わ	ら	や	ま	は	な	た	さ	か	あ	ア
を	り		み	ひ	に	ち	し	き	い	イ
ん	る	ゆ	む	ふ	ぬ	つ	す	く	う	ウ
	れ		め	へ	ね	て	せ	け	え	エ
	ろ	よ	も	ほ	の	と	そ	こ	お	オ

図１　あかさたな話法

動が少ない腕や首を用い、僕が何も動かさないときは「違う」というサインになります。

　また、時間や労力などのコストを削減するために、介助者に積極的な先読み（予測変換）を推奨しています。たとえば会話場面で、「こんにちは」と言いたいときは、介助者が「こ、ん」まで読み取り「こんにちは、でいいですか？」と僕に問いかけます。その後、了解の合図を出して、「こんにちは」と通訳をしていきます。

　さらに、もしそのときに僕が嬉しそうな顔をしていたら、

「こんにちは、お会いできて嬉しいです」と言って、僕の表情や、短い言葉のニュアンスを加味して通訳する場合もあります。

このように先読みを推奨するのは、僕の言葉を一文字一文字拾っていくのが、あまりにも時間がかかるからです。こうした、先読みや僕の気持ちを察するような通訳は今のテクノロジーではむずかしく、人に読み取ってもらうからこそ可能になります。

しかし、人を介するからこそそのむずかしさも、もちろんあります。息が合わず、読み取りがなかなかうまくいかないときは僕も介助者も、しだいに苛立《いらだ》ちが募り、よけいに読み取りがうまくいかなくなるということは、よくよくあります。「プリン（食べたい）」と言いたいのに、「不倫」と勘違いされたことも……（その逆もまた然《しか》り）。さらに、僕の言いたい言葉を相手が知らない場合は、どんなに読み取りが正確でもただの文字の羅列になってしまいます。つまり、「ジェンダー」と介助者の頭のなかで変換されなければ、永遠に「しえんたあ」という謎の言葉が残るだけなのです。

しかし僕は、キーワードを発したときに、介助者からどういう言葉で返ってくるかな、と彼らの引き出しをワクワクしながらのぞいている感覚もあります。たとえば渡辺一史氏の『こんな夜更けにバナナかよ』という本を伝えたいとき、「こ、ん、な、よ、ふ」で、「あ、バナナの本ですか？」と先読みしたり、「施設から地域に飛び出した方の話ですよね」「当時の介助はボランティアだったんですよね」などと、内容も連想してくれるかどうかも楽しんでコミュニケーションをとっています。

また、先読みを円滑にするために、介助者に本を読む宿題を出すことがあります。「あかさたな話法」の学びでは、読み取りのテクニック以上に、徐々に僕の頭のなかにある〝大輔辞書〟を共有することが大切になってきます。

さて、今挙げたのは「あかさたな話法」の基本形ですが、次のステップとして、文章作成場面での通訳があります。

平面の文字が見えにくいという視覚障がいにより、みずから文字にして残すことだけでなく、それを見返して確認することもできない僕が文章をつくるときは、いったいどうやっているのでしょうか。

論理的に結論を導き出すような論文執筆場面においては、僕が先に「あかさたな話法」で論旨を伝えます。介助者はこれまでの僕の文章などを参照しつつ、僕の発した言葉を膨らませていくかたちで文章化します。それをたたき台として、僕に確認しながら、いっしょに練りあげていくのです。僕の少ない言葉をもとに、解釈や想像を加えて文章を書きあげていくのが介助者の役割です。

しかしその際に、僕の価値観や尊厳をいかに守りながら文章に反映させせるか、という介助者からの配慮がなければ、協働で言葉をつくっていくというこの作業は成り立ちません。そして、アウトプットされた文章を何十回も読み直し、修正し、最終的な文章が完成します。この本も、そうした過程を経て書かれています。

このように、僕は障がい者の主体性を絶対的なものとする「介助者手足論」からすると、とてもかけ離れたような介助スタイルを取っています（僕の論文執筆方法や、介助者手足論についての詳細は6章参照）。

僕と同じ発話困難な重度身体障がいの当事者の方でも介助者による先読みはおこなわず、一文字一文字自分の言葉で紡《つむ》がれる方もたくさんいらっしゃいます。そうした方法を否定するつもりはまったくありませんが、僕の場合は研究者として論文を書いたり、この本のように文章を書いて社会に発信していくことを生業《なりわい》として選択しました（それしか選べなかった、ともいえますが）。それゆえに一文字一文字自分の言葉で語る確実性よりも、少ない読み取りでも自分の考えを外に発信できる即時性を重視するようになっていったのです。

それを可能とするためには個々の介助者とのあいだで「あかさたな話法」を〝深化〟させることが必要です。つまり、効率のよいコミュニケーションスキルを開発することではなく、個々の介助者とかかわる時間や、信頼関係を築いていくことにコストをかけています。「あかさたな話法」とは言い換えれば、関係性のうえに成り立つコミュニケーションなのです。この関係性の〝深化〟については、この本の後半でも触れたいと思います。

そして、〝深化〟だけでなく、「あかさたな話法」の広がりも今、感じずにはいられません。

この話法は、「へつた」の三文字から始まった、母とのあいだだけのコミュニケーション手法でした。しかし、見様見真似で一人から二人、二人から四人、四人から……。気がつけば、僕とスムーズにコミュニケーションをとれる人は、介助者、友人など、倍々ゲームとまではいかなくとも、確実に広がってきたことを実感しています。

あかさたな話法の動画

2章

リハビリテーションの施設、養護学校へ

施設に入所する

一九九六年一二月、リハビリテーションセンターに併設されている肢体不自由児施設に入所しました(二〇一二年児童福祉法の改正により施設体系の再編がおこなわれ、現在は「医療型障害児入所施設」と名称が変わっています)。

それから養護学校高等部二年の一九九九年三月まで、僕は施設で暮らすことになるのです。施設には、手術などの後にリハビリをして退院する子どものための棟もありましたが、僕がいたのは別の棟で、その棟には、僕のような中途障がいの子どもはほとんどいませんでした。ましで自宅に帰ることを目標に入所している子、そのために親が毎日面会に来ている子は、僕一人だけ。家族や地域での介護/介助力不足のために、入所を余儀なくされている子どもがほとんどで、おそらく退所を想定したところではありませんでした。

ちなみに僕の部屋はナースステーションから最も近い、障がいの重い子どものための部屋でした。六人部屋で、同室の子は僕より障がいが重く、「重症心身障害児」といわれる子どもが多かったのです。その子たちは、座った姿勢を保つのがむずかしく、一日中天井を見て過ごしていました。

施設での生活

僕のいた棟では、四〇名の子どもが暮らしていました。起床時間は朝六時です。しかし、僕は毎日四時半に起きていました。夜から朝にかけては四〇人の子どもに対して二人の看護師しかおらず、ベッドから車いすに移る介助をしてもらうには、そのタイミングしかなかったからです。ナースステーションから聞こえてくるラジオの音を聞きながら、朝食までの三時間半を過ごしました。

入所してまだしばらくは鼻に入った管からの経管栄養でしたが、徐々に口から食べられるようになり、一年ほど経ったころには管は抜けました。それでも嚥下障がいは残り、食事介助にとても時間がかかるため、最も食べさせやすく、誤嚥《ごえん》性肺炎のリスクも低い、ペースト状の食事がしばらく続いていました。ほかの子どもも当然介助が必要で、一人ひとりの介助に時間がかかるため、食事がきてから食べ終わるまでに要した時間は一時間半。その後、着替えて学校に行きます。ただ、食事だけでなく、何をするにもとても時間がかかり、授業の始まる九時一〇分までに行けることは、ほとんどありません。

学校から三時ごろに施設に戻ると、そのあとは、テレビの幼児向け番組を見せられていました。僕は見たくなかったのですが、車いすを自分で動かすことができず、目を閉じていることしかできませんでした。子ども向けの映画を何度も見せられ、そのためか、その映画のキャラクターを見ると(一般には多くの人に愛されるキャラクターなのですが)、今でも当時の辛い思い出が少し蘇ってきてしまいます。

入浴は週二回のみで短時間。まるで芋洗いのようでした。しかも体調が少しでも悪ければ入ることはできません。思春期の僕はニキビができていて、皮膚科で七種類もの薬が処方されていました。外泊で家に戻ると治ることから、朝晩洗顔して清潔にしておけばよくなるものだとわかっていたのですが、それには対応してもらえず、いくらお願いしても「大輔君だけ特別対応することはできない」と言われるだけでした。

そして就寝は九時。

六人部屋で同室に六歳の子もいたため、基本的にその子に合わせた生活リズムが組まれていたように記憶しています。

このように、半径一〇〇メートルほどの行動範囲だった施設生活では、行く場所が売店と養護学校しかないなど自由がなく、施設の規則に合わせなければいけませんでした。そんな日々のなか、夕方三時間の母との面会時間が僕の支えになっていました。施設にいるあいだ、母と過ごすこの時間だけが、誰かとゆっくりとコミュニケーションをとれる時間だったのです。

最近、麦倉泰子氏の「施設」について研究された本を読みました。そこでは、イギリスの先行研究を参考に、施設がいかに人を無力化させるのかについて論じられていました。僕はまさに施設とは、そこで生活する人を「無力化させる装置」であると、自分の経験から思います。社会の情報から分断され、管理される。そこでしか生きられない、と思い込まされ、そこでのルールに従わざるを得ないという状況がつくり出される。僕はそのことを、身をもって知りました。

もちろん、すべての施設が人を「無力化させる装置」であると言いたいわけではありません。本章で後述しますが、施設を必要とする人はいますし、入所者が伸び伸びと豊かに暮らしている施設もあります。しかし、少なくない日本の施設は、「無力化させる装置」となっているように思います。この「無力化させる装置」としての施設が行き着いた先のひとつにあったのが、二〇一六年七月に発生した津久井やまゆり園の障がい者殺傷事件であるように思います。「障がい者は無力な存在」であるという、誤った、かたちづくられた認識が、大量殺人に結びついたのではないか、と僕は考えています。

実際に僕も施設での生活で管理され、「無力化」という見えない圧力のなか、生きる希望が持てずにいました。

専門職との出会い

施設での生活の話に戻ります。

入所して間もなく、臨床心理士が僕の知的レベルを検査しました。その結果、IQは三〇と出たそうです。しかし、そもそも検査方法にさまざまな問題があったように思います。植木算の問題もあったことを記憶していますが、その答えを伝えようにも、当時は、まだコミュニケーションをとることにかなり困難がありました。また、僕は紙に書いて計算することができないため、頭のなかだけで計算するのにも限界があり、結果、カルテにはIQ三〇と記載されてしまいました。

最初のリハビリは、オムツ外しでしたが、尿意や便意はあったため、これはスムーズにクリアすることができました。

理学療法では、拘縮《こうしゅく》してしまった僕の四肢をストレッチで伸ばし、作業療法では、摂食指導やパソコンで文字を打つ訓練、言語聴覚療法では口腔マッサージや舌の動きをよくするための訓練をしていました。入所して最初にこれらのリハビリのプログラムが組まれ、ほぼ毎日リハビリを受けて過ごしました。

また、施設にはソーシャルワーカーもいました。ソーシャルワーカーの仕事の一つは、子どもたちのお小遣い管理でした。月に二〇〇〇円、子どもたちにお小遣いが渡されるのですが、僕には渡されず、その理由を尋ねると、「大輔君は使えないでしょ」と一蹴されてしまいました。さらに、ソーシャルワーカーが子どもたちを集めて、施設内行事の役割分担などの話し合いをするときも、僕は呼ばれないということが何度もありました。せめて、参加する意志があるかどうか聞いてもらいたかったものですが、おそらく、僕にはどうせできないだろう、と判断されてしまったんだと思います。

このように、施設にいるあいだはさまざまな専門職の先生と会う機会がありましたが、特に記憶に残っているのは作業療法での一場面です。僕の担当作業療法士（ＯＴ）は若く、施設のスタッフのなかで最も年齢の近い大人でした。パソコンで文字を打つ訓練をしていたとき、ＯＴに「好きな言葉を打っていいよ」と言われ、僕が打ったのは「し」「に」「た」「い」という四文字でした。僕がこの四文字を打つ四〇分間、ＯＴは何も言わずじっと見ていました。何も言えなかったのかもしれません。

このときの僕には、「死にたい」と伝えることで相手がどう反応するかを試したかった気持ちがありました。また、振り返って考えると、「死なせてほしい」という辛さを、外になんとか表現したかったのだと思います。当時の僕には、ただただ自分の辛さを表現する言葉として「死にたい」しかなかったのです。

このころの僕は「死んだほうがマシだ」と、本気で考えていました。ちょうど同時期に、こども病院からいっしょで、ともに励まし合ってきた一つ年下の友人が急逝したことも関係していたのだと思います。障がいを持ったあとにできた、初めての意思疎通のとれる友人で、当時の僕にとって数少ない心の支えの一つでした。彼女の突然の死によって、僕と「死」との精神的な距離はさらに縮まっていったのです。生きている限り、自分が今いる「奈落の底」からは決して出ることができないのではないか、と考えていました。

自分の思い通りに動かず、コミュニケーションもとれない身体、管理され、自由のない施設での生活、わずかだが救いを感じられる存在だった友人の死、それらが負のスパイラルとなって、僕をより深い奈落に導いていきました。

施設での生活を振り返って

施設での生活全体を振り返って思うのは、「コミュニケーションに深さがなかった」ということです。当時は、子ども扱いされたり、気持ちを聞くような質問をされないことが、とても残念で仕方ありませんでしたが、その後コミュニケーションのことを研究するなかで、当時への見方が変わってきました。

そもそもの施設の職員体制として、コミュニケーションに時間を割けるような余裕があまりにもない、ということです。僕が施設入所中に職員の人とコミュニケーションをとるのは、「痛い」とか「暑い」といった身体的ニーズに関する内容に限られていました。思いを伝え合ったり、対話や議論などのコミュニケーションはまったくありませんでした。

また、施設職員の給与が他の職種に比べて低いという点も改善すべきことだと感じています。障がい者施設に限らず高齢者介護施設、児童福祉施設など福祉業界全般でも同じことが言えますが、職員の労働環境がもっと改善されなければ、入所者／利用者にそのしわ寄せがいってしまうのです。

職員体制以外にも、施設の問題点として立地があります。僕がいた施設は、田んぼに囲まれた場所にありました。社会から隔絶され、職員と入所者だけの世界で完結してしまうようにかたどられているようでした。

僕は施設をローカルエリアにつくるべきだと考えています。僻地《へきち》ではなく街のなかに、という意味です。それは社会との交流をうながし、情報が入ってくる機会を確保しやすいからです。

そして日常的に近隣住民と施設内の人間がコミュニケーションをとれる機会を持つことで、人権が担保されるようになるのではないでしょうか。コロナ禍の昨今は、そうした機会が持ちにくくなってしまったという課題はありますが、外部からのチェック機能が弱まると、施設で暮らす当事者の権利を脅《おびや》かしかねないということは、僕の経験からも強く実感しています。たとえば、東京オリンピック・パラリンピックの選手村や築地市場の跡地を入所施設の土地として活用することも考えられると思います。野を越え山越え町に出る……障がい者にとってはそれが当然の生活ということ自体、不平等ではないでしょうか。

さまざまな課題もある入所施設ですが、僕は「施設を全面的に廃止したらいい」とは思っていません。施設のほうが安心して暮らせるという人は確実に存在しますし、家族との同居や一人暮らしがむずかしいという方はどうしても出てきてしまうからです。

二〇一五年と二〇一九年にフランスの障がい者施設を視察に行き、僕はそれまで持っていた施設のイメージとの大きなギャップに驚きました。パリとリヨンの施設を視察しましたが、いずれも街中に立地しており、日中も決められたプログラムがあるわけではなく（個別のリハビリプログラムはあります）、とても自由で開放的な雰囲気でした。そして最も驚いたのは、入所する施設を本人がある程度自由に移れるシステムになっていたことです。日本では一度施設に入れば、生涯その施設で過ごすことが前提としてあります。しかしフランスでは、「引っ越し」に近い感覚で自分の住む施設を変えることができるのです。そこに住む一人ひとりの自由と権利が保障されていることが感じられ、日本の障がい者施設もよりよく変わっていけるヒントを得ました。

なお、この研究視察は、日本学術振興会特別研究員として研究費を支給されたからこそ実現できたものです。本来は北欧やアメリカへの視察も計画していたのですがコロナ禍によりそちらは延期中です。

もう一点、僕が入所施設に対して思うことは、施設内でパーソナルアシスタンス（以下、PA）の仕組みを取り入れるべきだということです。PAとは、障がい当事者が主導するかたちで介助者と個別の関係性を築き、介助者は当事者の生活と一体となって継続的な支援を提供するシステムを指します（PAについては6章でまた書きます）。障がいが重ければ重いほど、その介助のニーズは細かく、多岐にわたります。現在の施設のような大勢で大勢をみる体制では、当事者も介助する側も負担が大きくなりすぎてしまうのです。在宅生活で築けるような個別性の高い濃い関係性を持てれば、当事者一人ひとりの生活がより重視され、守られる施設になっていくのではないでしょうか。

外泊のときに思ったこと

また、当時の話に戻ります。

施設に入って一か月が経ったころ、ちょうどお正月だったこともあり、外泊許可を得て自宅に戻りました。緊急入院から八か月。僕は久しぶりのわが家をとても楽しみにしていましたが、実際に自宅に戻る道中、その楽しみな気持ちは徐々に大きな不安へと変化していったのです。

家に着くと、両親は必死で僕の介護をしてくれました。僕は以前と変わらない自宅と、大きく変わってしまった自分の身体とのギャップを目の当たりにし、改めて強いショックを受けたことを覚えています。両親はそんな落ち込む僕を見て、気遣《きづか》うように、僕が安心して過ごせるようにと、慌ただしく動いてくれていました。しかし、リラックスできると思っていた家での時間が、「施設」での延長のように感じられ、懐かしいはずの自宅も、両親のどこかぎこちないコミュニケーションも、すべてが当時の僕にとっては心を苦しめるものだったのです。

それでも三日間の外泊をしているうちに、両親の懸命な配慮によって徐々に心は落ち着いていきました。朝四時半ではなく、自分の好きな時間に起きられることも大きかったのだと思います。

それから外泊を繰り返し、一年経ったころには毎週末帰るようになりました。

一方で、僕は自宅をバリアフリーにしたくはありませんでした。その時点で、僕はまだ障がいが治ると考えていたためです。自分の障がいがもう治らないと認めてしまうような気がして、バリアフリーにすることがどうしてもできませんでした。

外泊を重ねていくなかで、よかったことの一つに、父が友だちのような存在になっていったことがあります。父とは外泊の機会ごとに、あそこに行こう、ここに行ってみようと車でよく出かけていました。

当時の印象的な思い出があります。北海道函館市の有名なご当地バーガーショップ「ラッキーピエロ」が自宅のそばにでき、ある外泊の日、父と二人、車で出かけました。しかし、僕は人前に出ることがどうしてもできず、父が買い物に行っているあいだ、車のなかで待っていました。その際に、カーラジオから流れる、函館で結成されたバンド、ＧＬＡＹの曲「ずっと２人で…」を聴きながら、「僕の場合は『ずっと施設で…』だな」と考えていたことを今も思い出します。

父は当時、外泊を通して僕の介護に対する負担の大きさを痛感し、「大輔はずっと施設にいるほうがいいのでは」と思っていたそうです。両親だけで介護を担うのは現実的ではなく、自宅で過ごしていても、いずれ家族三人が共倒れになってしまう、と。さらに、養護学校のなかでは僕に対して「そんなに障がいが重度なのに、在宅で過ごしたいなんて夢みたいなことを考えてはいけない」という圧力がありました。高等部二年のとき、進路担当の先生と三者面談をし、「大輔君はもちろん入所施設ですよね」と先生から聞かれました。父と話し合いをしていた母は、嫌々ながら「検討します」と答えていました。

僕は「勉強を続けることさえできれば施設でもいい」と思っていました。自分に残された考える能力を活かすしか生きる道はない、と思っていたからです。しかし、施設に入所すると、日中の活動は訓練プログラムやレクリエーションに限られ、自分のしたい勉強はできない、とそのときは聞いていたため、施設ではない別の居場所を必死に探していました。

学校での学び

そのように僕にとって重要な意味を持つ勉強について、養護学校の話を中心に振り返りたいと思います。

さきほども書いたように、朝は学校にいき、三時ごろに戻ってきますが、その間、食事のため施設に一度戻らなくてはなりませんでした。食事には時間がかかるため、ゆっくりとできるように時間割は組まれていましたが、その分、授業の時間は短くされていたのです。

中等部では、リハビリのない時間帯のみ、一日一時間か二時間程度通学していました。通学、といっても施設と養護学校は間続きで、渡り廊下を越えると、そこはすぐに学校。僕がいたのは重度障がいのある男女三人のクラスで、男女二人の先生がいました。

ほぼ寝たきりの生徒ばかりのクラスだったので、先生が一方通行で生徒に話しかけていました。授業中はずっと音楽が流れ、「授業」というよりも「リラクゼーションタイム」といったほうがしっくりくる、というのが僕の実感です。進学校にいた僕にとって、それまで学校での授業と言えば、教科書の内容を詰め込んでいくものでしたが、それとはあまりにかけ離れた世界でした。

初めて養護学校に行くとき、渡り廊下を通ると白木蓮《はくもくれん》の匂いがしました。その瞬間、自由に動き回っていたころの自分の姿が想起させられました。僕の通っていた小学校と同じ匂いだったからです。小学校の校歌に、白木蓮が歌われていたことも思い出しました。

そのころの自分とあまりに違う今の自分、さらに、授業の様子のギャップにも心が追いつかず、養護学校のトイレで泣いたのを覚えています。

そして、養護学校の中等部に転校してから三か月後、高等部に進学しました。

一学年が四つにクラス分けされていて、僕は三組に在籍していました。クラス分けは学習の理解度ではなく、身体障がいの程度によってなされていて、一組は歩行可能、二組は車いすで自走可能、三組は全介助、四組は寝たきりの生徒といった具合です。

高校の授業といってもその内容は作業中心で、毎日木工作業や陶芸、園芸、手芸などがおこなわれていました。僕は陶芸班でしたが、身体が自由に動かないため、機械や用具に手を触れる程度。完成品に校章スタンプを押す際に、僕の手を置き、その上から教員がグッと力を込めて押す。流れ作業のなかで僕が参加できるのは、そうした「できたものに、ただスタンプを押す」ということだけでした。

「僕はここで何をしているのだろう……」

「なんのために、ここで時間を過ごしているのだろう……」

授業中、そんなことが頭のなかをずっと巡っていました。同級生の多くは卒業後、施設への入所や作業所への通所をめざしていましたが、身体の自由がほとんどきかない僕は、あの授業の時間が自分の将来の役に立つとはどうしても思えなかったのです。

教科科目は、たとえば数学で言うと一組では週に五単位あるのに対し、僕のいた三組は一単位だけでした。僕は、作業時間を減らして、教科科目を増やしてもらえるように要望を出し続けましたが、なかなか実現しませんでした。それでも高等部の最終学年になって、一組と同じ教科を同じ時間、ようやく学べるようになったのです。

このように僕は勉強面でも、自分がこれまで過ごしてきた環境との大きなギャップにとてもショックを受け、そして、自分がここにいることを、まだまだ受け入れられずにいました。

溝口先生との出会い

深い絶望のなかにいた僕の生活を大きく変えたのは、高等部二年生のときに出会った溝口《みぞぐち》勝《かつ》美《み》先生の存在でした。

「障がいが治らないなら死ぬしかない」と、回復以外に希望をまったく持てずにいた僕の世界を広げてくれたのが、溝口先生でした。先生は僕の考えや感情に目を向け、また、言葉で多くのコミュニケーションがとれない僕と、〝時間をともに過ごす〟ことで、僕を深く知ろうとしてくれました。

僕が両足の内反回復手術（強い筋緊張によって拘縮した両足の腱《けん》を切り伸ばす手術）を受けて、学校に通えなかったときには、勤務時間外の朝早く、そして夜遅くも動けない僕のベッドのところまで来てくれました。でも僕だけと話すのではなく、施設のほかの子どもたちや看護師たちに話しかけ、自分では動けない・話せない僕を巻き込んで、明るい空気をつくってくれていました。障がいを持って以降、人と深いコミュニケーションがとれず、ずっと孤独を感じていた僕でしたが、初めて孤独が和らぐ時間を持つことができたのは、溝口先生のおかげだったと強く感じています。

先生は一言でいうと、破天荒《はてんこう》な人でした。学校の倉庫に眠っていた電動車いすを改造し、校内を僕が自分の意思で移動できるようにしてくれたり、「ボッチャ」というスポーツに参加できるよう、僕に合わせたボッチャ用の装置をつくってくれたりしました(ボッチャは、東京2020パラリンピックで注目を集めた障がい者スポーツです)。さらに、僕が一人でパソコンを操作できるよう、ソフトやスイッチをつくってくれたり、コンサートに行くために車を出してくれたり、ほかの先生はなかなかやらないようなことを、一歩踏み込んで、いっしょに楽しんでくれるような人でした。

林間学校のときには、僕と二人の部屋でテレビのアダルトチャンネルをふざけていっしょに覗く、なんてこともありました。「障がいが重いから」ということとはいっさい関係なく、僕を、年相応の思春期の少年として扱い、積極的に外の世界と繋ぎ、情報と刺激に触れさせてくれる存在。僕はこの先生を心から信頼できる大人だ、と思いました。

先生が僕に教えてくれたことのひとつに、「メール」があります。当時はまだ携帯電話にメール機能はありませんでしたが、電子メール専用の小型の電子機器「ポケットボード」という商品がＮＴＴドコモから発売されていました。溝口先生はお古のポケットボードを僕に渡してくれました。それにより、プライマリー（担当）看護師への連絡を、直接、したいときにできるようになり、それまで伝言ゲームや部屋に置いたノートでしかできなかった引き継ぎが、スムーズにおこなえるようになりました。

また、それまで、人とのかかわりを断っていた僕に、外の世界に触れることを教えてくれたのも先生でした。

障がいのある人のスポーツ大会に、連れて行ってくれたこともありました。僕はそこで大人の障がい者がこんなにもたくさんいる、という事実を初めて知り、障がい者としての自分の将来を少しイメージすることができるようになったのです。先生はそんなに口数の多い人ではありませんでしたが、目に見えるかたちで、僕にあらゆる可能性を示してくれました。

高等部三年の修学旅行も、とても印象深いエピソードです。毎年新幹線で京都に行くのが学校の定番だったのですが、溝口先生の提案により、僕の年は飛行機で北海道に行く修学旅行になりました。障がいを持ってから、まさか飛行機にまた乗れるとは思っていなかったので、僕がその後、行動範囲を広げられたのは、このことがきっかけだったように思います。

しかし、当の先生は僕が高等部三年に上がる直前に別の学校に異動が決まってしまいました。それを知ったとき、僕は先生の目の前で号泣しました。

後に知りましたが、先生は僕のことを「ガラス細工」に喩《たと》えていたそうです。中途障がいであるがゆえに、慎重に対応しないと心が完全に壊れてしまう、と。ふだんはぶっきらぼうにも見える人ですが、そこを理解し、時間をかけて関係性をつくってくれていたことに改めて感謝しました。

「まず一年、生きてみないか」

いつか死ぬことばかりを目標に日々過ごしていましたが、先生は僕が少しずつ前を見られるように導いてくれたと感じています。先生は僕に、「まず一年、生きてみないか。一年経ったら、またそこで考えよう」と言ってくれました。そのときの僕にとって未来とは、真っ暗で何も見えないものでしたが、一年先ならば……と、生きる力を与えてくれたのです。

当時の僕には一年間を生きるのがぎりぎり精一杯で、春が来るたびに、「とりあえず、もう一年頑張ってみよう」と自分を奮い立たせることの繰り返し。施設を出て、地域で暮らすことはまったく想像がつかず、かといってこの施設にずっといるくらいなら死んだほうがマシだ、と思っていました。退院して、両親の介護のもと自宅で過ごすようになってからも、この一年サイクルの生活は、大学に入るまでの六年間、ずっと続きました。

ちなみに、大学入学を果たしたときにはこの思いが、「よし。四年は生きてみよう!」に変わったのです。しかし、そのときでさえ四年先はまったく見通せず「施設に戻るしかないだろう」と思っていました。両親の手を借りずに二四時間介助を受けて過ごす、今のような生活ができるようになるとは、まだまだ想像すらできない時期でした。

コラム　特別支援学校

僕が中学、高校と通ったのは「養護学校」でした。現在は「特別支援学校」に名称が変わっています。

障がいのある子どもの教育に特化した特別支援学校以外の、地域にある学校を「普通校」と呼んだりします。公立小学校の就学先については、市区町村の教育委員会の判断によって決められますが、現在は障がいがある子どもの場合、自宅近くの普通校ではなく特別支援学校への入学判断になることがほとんどです。

しかし、僕の友人には、小学校から特別支援学校ではなく普通校に通っていた重度障がいを持つ人が複数います。その人たちに共通しているのは、親に「他の子と同じように地域社会のなかで生きてほしい」という強い希望があり、自治体や教育委員会と繰り返し交渉し、実現したという点です。

また、中学校までは特別支援学校に通い、高校からは普通校に進学したという重度障がいを持つ別の友人もいます。彼女はトイレや移動、教科書をめくる、ノートをとるといったことに介助が必要なので、学校生活をサポートしてくれる支援員の方の手配を自治体と何度も何度も交渉して、勝ち取っていったそうです。

このように本人や親が自分で道を切り拓かなければ、障がいを持つほとんどの子ども、特に重度の子どもには特別支援学校への進学の道しか用意されていないのが現状です。僕は、希望すれば普通校への進学も選択できる体制が必要だと思っています。

障がい者運動の一つに、特別支援学校を廃止して地域の学校にすべての子どもが通えるように、というものもあります。いわゆる「インクルーシブ教育」です。

しかし、同時に僕は今の社会にはまだまだ特別支援学校がなくてはならない、とも考えています。それは、障がい者差別の意識が社会に根強くあることを感じているからです。僕自身、障がいを持った直後に地域の学校にとても戻れる心境ではありませんでした。僕は、養護学校で時間を過ごせたからこそ、地域社会に戻ることができたと思っています。また特別支援学校は、障がいという特性を持った本人やその親が、横の繋がりを持ち、コミュニティを形成するのにも非常に大きな役割を担っていると感じました。

普通校で、自分の暮らす地域で、教育を受けられることも当然保障されるべきことだと思います。それと同時に、特別支援学校を選択することも保障してほしい、と思うのです。

ただ、特別支援学校を選択した場合、卒業後に地域社会に戻ることがむずかしくなってしまう、というのが僕の問題意識としてあります。僕は、介助者を利用するための制度があることや、介助者を使うということがどういうことかを、大人になるまで学ぶ機会がいっさいありませんでした。そのため特別支援学校教育のなかに、そうした授業をぜひ取り入れてほしい、と強く思います。将来自立生活をすることも一つの選択肢としてとらえ、そのために必要な教育も取り入れるべきだ、ということです。そうすることで、生徒たちは自分の人生を見据えた将来設計がしやすくなると思います。

また、進路実習は障がい者施設への入所体験か、通所施設での作業体験、もしくは国立リハビリテーションセンターの職業訓練所の体験という三つの選択肢しかありませんでした。僕は大学進学を希望していたので、進路実習には参加しませんでしたが、もし実習先に「自立生活センター」（以下、ＣＩＬ〔Center for Independent Living〕）があれば興味を持ったと思います。

ＣＩＬはアメリカで誕生した、障がい当事者が主体となって運営する団体です。障がい者運動のための団体であると同時に、介助者派遣など、障がい者の生活支援の事業をおこなう団体でもあり、全国で約一二〇か所のＣＩＬが活動しています（ＣＩＬの数は連載「重度障害、つかんだ自由」JIJI.COMより。ＣＩＬについての詳細は、中西正司『自立生活運動史』を参照）。

ＣＩＬのような仕組みがあることは、特別支援学校に通う子どものころから積極的に情報提供されるべきではないかと思うのです。決して「施設一択」の教育ではなく、地域で暮らすこと、自立生活を送ることも一つの選択肢として教育に組み込んでほしいと切望しています。

　また、もう一点考えているのは、生徒が大学進学を志している場合、特別支援学校卒業後も学習面などのサポートを継続してもらえる仕組みです。三年間、特別支援学校のカリキュラムを受けただけでは、大学入試を突破するのに決して十分とは言えません。特別支援学校では、卒業後に就労訓練へと繋がることが基本と考えられているため、作業的な活動のために時間が割かれてしまうからです。それを希望している人にとっては必要なものだと思いますが、進学をめざす生徒のためにも専攻化が必要ではないでしょうか。また、準備が間に合わず浪人しているあいだ、予備校に通えるわけでもなく、社会から切り離された時間が発生してしまいます。そのため、留年、とまでは言いませんが、受験のサポートをする学校との繋がり、社会との繋がりが確保される仕組みが必要だと考えています。

3章　家で暮らすために

在宅生活を始める

僕は、養護学校高等部二年を終える三月に施設を出て、家で親といっしょに暮らすようになりました。学校には一年、自宅から通い、その送り迎えは車で両親がしていました。

当時住んでいたマンションは、外に出るために五、六段の階段をのぼりおりする必要がありました。そのため、毎朝、父と母二人で僕を下までおろしてくれたのです。まず、階段の上にパイプ椅子を用意し、僕を車いすからパイプ椅子に移します。そして一人は僕が椅子から落ちないように支え、もう一人が車いす(二〇キログラム)を階段の下まで運びます。その後、二人で僕の上半身と下半身をそれぞれ抱えて階段をおりていく、という手順です。車いすや身長一八〇センチ超、体重六〇キロの僕を抱えてのぼりおりするのは、かなりの重労働だったと思います。

さらに、朝は父がいましたが、学校帰りの時間には母しかいませんでした。それでも、マンションの隣の部屋に住んでいた女性がいつも手伝ってくれていたため、僕はなんとか学校に通うことができていたのです。養護学校を卒業するころ、ようやくマンションにスロープが設置されました。

当時、障がい者が在宅生活するための支援制度は、ほぼ皆無。サービスの選択肢はありませんでした。基本的には施設入所か、在宅で家族介護を受けるかの二択で、退所後は、公的な制度はほぼ利用できずにいました。利用できる制度は大まかなものでいうと障害年金の受給、車いすの購入費補助、そして通院によるリハビリくらいでした。

通院によるリハビリといっても月一回、四〇分間のみで、しかも同じ時間に、僕のような重度障がいの人がもう一人。患者二人に対して一人の理学療法士（PT）が担当するという態勢で、危険も伴うものでした。そのころは、リハビリによる回復が何よりも第一優先だったので、満足なリハビリを受けられない状況に焦りの募る日々でした。

そのため、自宅にボランティアを呼んでリハビリをしたり、当時世界ナンバーワンといわれたアメリカ・シカゴのリハビリ病院に行ったりもしました。障がいを持ってから三年が経ったころでしたが、とにかく身体を元に戻さなければ、少しでも回復させなければ未来はない、と思っていた時期でした。

僕に必要な介助とは

施設退所後、学校以外のすべての生活を母がみてくれていました。父は仕事で帰宅が遅かったのですが、夜にドライブに連れていってくれたりしていました。

高等部三年のときから大学進学をめざし、その準備の一環で、小論文の受験対策として「天声人語」（朝日新聞）を読んでいました。ちょうどこのころは介護保険法が間もなく施行されるという時期で、それまですべて家族が担ってきた介護を、社会で支えようというように変化したときと重なっていました。記事にも介護保険について書かれており、僕はこのとき、自宅で家族以外による介護をサービスとして受ける制度ができたことを初めて知ることとなりました。こういった仕組みを活用できれば、自分も在宅生活が送れるのでは、と可能性を感じたのです。

二〇〇〇年三月、養護学校を卒業しましたが、結局その年の進学は叶わず、所属先のない、自宅のみでの生活が始まりました。母は、日々僕の介護に追われ、父は引きこもって過ごす僕に、外部の情報・刺激を与えてくれる、唯一の友人のような存在となっていました。

このとき、大きく二つの問題がありました。

一つはリハビリをどのように確保するのか、という点です。通院によるリハビリは月一回しか受けられなかったので、自分たちで何とかするしかありませんでした。

もう一つは、外との繋がりが断たれていたことです。

その二つを解決すべく、ボランティアを募って自宅でリハビリをする、という方法を試してみることにしました。

このとき参考にしたのは、脳に障がいがある子ども向けのリハビリ手法です。具体的には首や手足を何時間も動かして脳に記憶させるパターニングというやり方と、硬いブラシで、手のひらや足の裏に刺激を与えるブラッシングというやり方を取り入れていました。

このときのリハビリが、僕の身体機能の回復にどれだけ効果があったかはわかりません。しかし、リハビリそのものの効果よりも、このリハビリをするためにボランティアを募ったことは、後述するグリコのメンバーと出会えたこと、そして家族以外の他人を家に招くことができるようになったという二つの意味で、大変意義が大きかったと感じています。

ボランティアメンバーとの出会い

ボランティアを募る際、最初は看護学生に声をかけて来てもらいました。しかし、彼らは大学四年生だったこともあり、実習や国家試験の勉強など多忙であまり時間がとれず、継続的に来ることがむずかしい状況でした。そこで、彼らには家庭教師として来てもらうことにし、リハビリをサポートする人を探し始めました。まず地元の社会福祉協議会と、同じく地元の国立大学の厚生課にボランティア募集の告知を出しました。その結果、社会福祉協議会と大学から、ボランティアが来てくれることになりました。

　このボランティアとして来てくれた最初の学生が、幅広い人脈を持つ人で、大学の同級生や下級生を巻き込んで、僕のリハビリのために人集めをしてくれたのです。そして人から人への口コミで、最終的には五年間で七〇人が協力してくれました。

　夕方の二時間、週三回、リハビリに励みました。僕は床にうつぶせの状態になり、五人のボランティアが拘縮した僕の首と両手足の関節を同時に動かす、というリハビリです。ちなみに、このときの僕の体勢がグリコのポーズに似ていたので、その後、この学生のグループは「グリコ」という名前になりました。

　グリコのメンバーは、大学進学のための受験勉強を手伝ってくれたり、初めて両親の同伴なしで旅行に行くなど、新しい道をともに切り拓いた仲間たちでもあります。

　リハビリを終えた後は、全員汗びっしょり。その後に、母の手作り料理をみんなで食べました。そこで、恋愛の話、大学での勉強の話など、みんなのおしゃべりを聞く時間が、何よりの楽しみでした。

　ボランティアの七〇名のうち、特に僕を理解し、かかわってくれた一〇名が「あかさたな話法」を徐々に習得してくれました。そして僕は、彼らと直接コミュニケーションがとれるようになり、親抜きで、友人どうしとしての会話や時間の過ごし方ができるようになっていったのです。彼らには家庭教師を頼んだり、いっしょにコンサートに行ったり、ときにはふざけて怪しい勧誘に乗ってみたり、優しいあの子に恋心を抱いてみたり……グリコの仲間と多くの時間を過ごし、彼らとの距離が縮まるにつれて、僕はそれまで夢見ていた大学生活を、リアリティをもってイメージできるようになりました。そして、大学に行きたい！　という気持ちはよりいっそう高まっていったのです。

そして、何を隠そう、大学進学への一番の動機は「モテたい」でした。大学生活を謳歌《おうか》し、彼女との楽しいエピソードトークをちょい出ししてくるグリコの友人を見ていて、僕の心に生まれたのは大学生活への憧れと、それ以上の「嫉妬心」でした。

「いつか、僕だって！」

キャンパスライフへの夢は、これから何重にも立ちはだかるハードルを乗り越える原動力になっていきました。

大学をめざす

話は少し戻りますが、養護学校で大学進学を希望したのは僕一人でした。それも、開校以来、大学受験をした生徒は一人もいませんでした。進路相談の窓口がなく、大学進学の希望を担任の先生に伝えると、鼻で笑われ、「夢を見ているんじゃない。現実を見ろ」と怒られました。大学受験の願書を書くために学校に高校コードを問い合わせたのですが、学校側では誰も高校コードを把握していなかったというエピソードもあります。

溝口先生がいなくなってからは学校の協力を得ることはむずかしく、両親の協力によって受験先を探しました。候補の一つに挙がったのは淑徳大学です。通っていた養護学校から近かったことと、当時僕の学校にいた先生の多くが淑徳大学出身だったことも理由の一つでした。実際に一度見学に行ってみると、職員の方の対応がよく、障がい学生の受け入れ実績もあったため、受験したいという気持ちが大きくなっていきました。現実問題、僕の高校時代の学習状況では、合格がむずかしいことは自覚していましたが、それでも、記念受験でもいいから、「まずは挑戦したい！」という気持ちを僕は強く持っていたのです。

しかし、僕の場合は受験を認めてもらうこと自体がむずかしく、実際にこのときは障がいが重度であることを理由に受験を断られてしまいました。そこで僕は親に頼んで勝手に願書を提出し、受験にこぎ着けましたが、試験の際には希望した配慮を十分に受けられませんでした。

けれども、それまで外との繋がりを避けてきた僕にとって、受験に向けての交渉ごとや手続きをこなし、試験を受けるまでにこぎ着けたことは、自信を少し取り戻す出来事になりました。

一方、進路が決まらないまま卒業を迎えたのは僕だけ。養護学校の同級生には、脳性マヒなど幼少期からの障がいを持つ人が多く、小学部から一二年間ともに時間を過ごしてきた彼らは、強く結束し、卒業後はみんなで新たな作業所をつくることを親たちが中心になって取り組んでいました。僕は中途障がいだったことに加え、一人だけめざす進路が違ったので、母と二人、養護学校のなかで相当に浮いた存在に見えたと思います。

養護学校卒業後、グリコのメンバーとの出会いもあり、大学進学への気持ちはますます高まっていました。そしてその受験勉強をサポートしてくれたのも、グリコの仲間たちでした。

受験勉強は日本史と英語に絞り、彼らに家庭教師をお願いしました。教科を絞ったとはいえ、その学習方法も試行錯誤の連続。目で文字を見て、自分で書いて、声に出して……というのが暗記の定番作業ですが、そのいずれもできない僕は、耳で情報をインプットして記憶するしかありません。そこで家庭教師に英単語とその意味を吹きこんでもらい、空いている時間には、それをひたすら聞いて覚えていきました。

また、耳だけで覚えるために強いインパクトが必要なので、ダジャレで文章をつくってもらう、という技も使いました。

「俺が代わるよ！　ティム！〈代替の：オルタナティブ〈alternative〉〉」

「キャピタルつばさ、シュー――ト！〈首都：キャピタル〈capital〉〉」

本当に勉強しているのかと疑われるほど、僕は笑い転げていました。ちなみにcapitalのほうは僕がつくった渾身の一作です。

それでも、この方法ではスペルまではわからないため、択一式の問題にしか結局は太刀打ちできず、記述式の問題は、解答時間を考えても僕には不利だったため、耳で覚える単語数を増やす作戦に徹底しました。

今はめっきり見かけることがなくなりましたが、当時はMD（ミニディスク）という録音媒体が主流でした。英単語や泣くほど笑ったダジャレが吹きこまれた一六枚のMDは、今でも捨てられずに大事にとってあります。

このように受験勉強は英語を中心におこなっていましたが、一教科だけで受験できる大学はほとんどなく、日本史も受験科目に追加して考えるようになりました。しかし、日本史もやはり教科書を目で見たり、自分で書いたりして覚えることができないため、家族や家庭教師をしてくれていたグリコのメンバーといっしょに一年間に五回も京都や奈良に行き、神社仏閣を直接見ることで学んでいきました。当然、費用は相当かかりましたが、僕の限られた学習方法では当時、迷う余地はありませんでした。今振り返ると、両親はよく出資してくれたものだ、と思いますが、いっしょに旅行をすることで、グリコのメンバーとの関係性がさらに深まることにも繋がり、僕の大きな財産となりました。

受験までの高いハードル

受験勉強と並行して僕が取り組まなければならなかったのは、受験を受け入れてくれる大学探しや受験方法への配慮の交渉でした。

まず、父といっしょに文部科学省に出向き、大学入試センター試験の受験について交渉。何度も直接足を運び交渉しましたが、「前例がない」と、思うような配慮を認めてはくれませんでした。さらに、「あなたのような重度障がいのある人がセンター試験を受けられるようになるには五年、一〇年かかります」と言われ、結果的に私立大学の受験交渉に絞ることに。

受験校探しでは、小規模の私立大学を中心に考えていました。その条件は主に四つです。一つ目は、学部の四年間、通うキャンパスが変わらないこと。二つ目は、二科目受験ができること。三つ目は、福祉を学べること。そして四つ目は、東京都心部の大学であることでした。

東京の大学を希望していたのは、地元から離れたい、大学進学を機にリセットしてゼロからスタートしたい、という気持ちからでした。

そこで、養護学校卒業後は都内の私立大学との交渉を進めたものの、なかなか必要な配慮を受けるまでの回答は得られず、ときには「障がい者の受け入れ前例がない」「障がいが重すぎる」という理由で、願書すら受け取ってもらえない、ということもありました。

青山学院大学の夜間コースの受験を考えたときもありましたが、障がい学生の受け入れ前例がなく、学内の支援制度の構築に時間がかかることが予想され、積極的な候補からは消えていきました。

和光大学は障がい学生の受け入れ実績が多く、前向きに話を聞いてくれました。しかし、都心からキャンパスが離れていること、入り口の坂がとても急であったことなど、アクセス面に課題があり、さらに受験科目が三科目だったため、泣く泣く諦めたのです。

その和光大学の担当者の方は、僕に「全国障害学生支援センター」という団体を紹介してくれました。障がい者向けの大学情報を独自に集めて発信している団体で、脳性マヒの当事者が代表をしている、とのこと。僕はすがる思いで、すぐに代表の殿岡翼氏に連絡を取り、直接センターにうかがうことになりました。

センターはアパートの一室を借りて、活動していました。とても狭い空間のため、車いすのままでは入れず、僕は父におぶってもらい部屋に上がりました。

殿岡氏は、過去の支援経験をもとに、大学側とどのように交渉していったらよいか、非常に実践的なアドバイスをしてくれました。キリスト教系の大学が障がい学生の受け入れに比較的積極的であり、そうした学校を中心にあたってみるのがよいという助言をいただき、後に僕が入学するルーテル学院大学（以下、ルーテル）を知るきっかけともなったのです。

また、一番大きかったのは「とりあえず、入ってしまえばなんとかなるよ」と言ってくれたことです。僕は強い思いで大学受験にトライしていたものの、「受験するのでさえこんなに大変で、たとえ入学できたとしても、本当にやっていけるんだろうか……」という不安がぬぐえずにいました。しかし、殿岡氏のその言葉のおかげで、決意を新たに大学受験に臨むことができたのです。

全国障害学生支援センターは前身組織が一九九四年から活動を開始し、一九九九年にセンターが設立されました。二〇周年を迎えたとき、光栄にも僕はその記念集会に講演者として招かれました（非常に残念なことに、この会は新型コロナウイルスの影響で中止となってしまいましたが）。

僕が大学進学を志したのも一九九九年で、ちょうどセンターが設立されたのと同じ時期。それから二〇年が経過しましたが、障がい者が大学に進学するハードルは徐々に低くなっているように感じています。

ルーテル学院大学の受験へ

大学受験の話に戻ります。

受験勉強と並行して、受験可能な大学を探すのに、結局三年かかりました。一、二年目はリハビリや受験に向けた基礎学力向上を中心としていましたが、三年目には改めて受験校探しに取り組みました。そして、都内にあり、二教科で受けられ、解答は四択問題、福祉を学べる、という条件にヒットしたのが東京都三鷹市にあるルーテルだったのです。

僕はオープンキャンパスで二回訪問し、二回目のときに、その後、卒業論文(以下、卒論)の指導教官になる西原雄次郎教授に出会いました。教授は僕の話を聞いてくれて、「教授会で話してみる」と約束してくれたのです。前向きに検討してくれる姿勢に、確かな希望を感じました。

そこで、まずは僕がどのような状態かを理解してもらうために大学にビデオを送り、メールでのやり取りも重ねました。無事に受験ができる手はずで話が進み、その後はメールだけでなく、父と直接大学に出向いて交渉をすることに。僕が要望した配慮は、面接・試験ともに個室での受験を可能にすること、問題文を読む担当、解答を解読して記入する担当の計四人を大学側が用意することと、見守り介助の父の同室許可、試験時間の延長などでした。その結果、試験態勢は依頼した通り認められましたが、試験時間は通常の二倍と、期待していたよりも短いものでした。

この受験のときは、受験校探しや交渉ごとに時間を費やすことが多く、学力的にもまだまだ準備が不足している自覚はありましたが、それでもようやくここまでこぎ着けたことを考え、「まずは、受けてみよう」と受験を決意しました。結果は、不合格。しかし、落ち込んでいる暇はありません。合否発表のその日から、今度は「翌年の受験のため」の勉強が始まりました。

そこからは勉強漬けの一年。ルーテルの試験内容が英語と面接だったため、英語に絞り、グリコの三人の家庭教師に昼夜兼行《ちゅうやけんこう》で手伝ってもらい、年末年始も張り詰めた糸が緩まないように休まず勉強しました。その結果、受験の一、二か月前ごろには、だいぶ実力がつき、難関私大の合格ラインにも達するようになりました。

また、この一年間はルーテルの教授から「まずは大学に慣れるのがよいのでは」という勧めもあり、聴講生として毎週一回、父と車で大学へ通っていました。キャンパスを見たり、実際に通えるかを自分で実感するためにも非常によい経験だったと思います。しかし、当時会社員だった父が、毎週僕に付き添うのは簡単なことではなかったはずです。それでもこの父の協力のおかげもあり、僕はモチベーションを保って受験勉強を続けることができました。

僕だけの受験じゃない

受験は二月。その二か月前から、どのような配慮をしてもらえるか改めて大学側と打ち合わせをしました。普通の受験生が目で問題を理解し、みずから解答をマークするのに比べて、試験問題を読み上げてもらい、四択とはいえ「あかさたな話法」で解答するには、二倍の時間では、とうてい足りないことを一年前の試験で痛感していました。そこで僕は昨年以上の試験時間延長を大学に要望しましたが、それは受け入れられず、大学からは一年前の受験と変わらない配慮になる、との返答だったのです。

「一日も休まず勉強し、力をつけたのに、すべてを発揮できる試験時間を配慮してもらわなければ、受験する意味がない」と自分を正当に評価してもらえないことに憤り、泣きました。

「受験というのは自分の力を一〇〇％発揮できるチャンスではないのか。とうてい納得できない」、「不完全燃焼だけはしたくない」という思いでした。そんな気持ちをグリコの仲間に伝えると、「ここまでいっしょに必死にやってきたのに、受けないのは悔しい」と言って泣いた人もいました。僕の受験だと思っていましたが、いつのまにかグリコの仲間も受験生の気持ちになっていたのです。僕の受験は、もう僕だけのことではなくなっていました。

もう一度大学側に強い配慮を求めるため、嘆願書にして提出しようとしましたが、周囲はそんな僕を止めました。その理由は「好意的な大学側に対して、土壇場になって対立するような意見を出すのは、止めたほうがいい」というもの。しかし、僕の気持ちはおさまりませんでした。「こんな条件のなかで自分を評価されるのはアンフェアだ」。そう思っていたのです。

とうとう迎えた受験前夜。希望する配慮のないことを不満に感じながらも、今一度試験に臨むことを決意したのは、協力してくれた仲間がいたからでした。「彼らのためにも結果を出さなければならない」と感じていたのです。朝四時に家を出発し、試験会場へ同行する仲間たちをピックアップするために、地元の駅、夜明け前の薄暗いターミナルに向かうと、そこにほかのグリコの仲間たちもエールを送りに来てくれていました。今日のために一年があったと気づくことができ、力をもらったことを今でも覚えています。

面接試験は、昨年同様、一般入試に予定されていた集団面接ではなく個室での個人面接にしてもらい、介助に慣れている父についてもらって受験しました。英語の試験に関しても、問題の読み上げや、僕のサインの解読に声を出す必要があったため、同じく個室での受験となりました。

思っていたより〝捨て問題〟が少なかったこと、確実に学力が向上していたこと、二度目で受験態勢に慣れていたことから、試験終了直後にはすでに手応えを感じていました。

そして無事に合格し、二〇〇四年の四月からルーテル学院大学総合人間学部神学科の大学生になったのです。

養護学校を卒業してから四年目の春でした。

コラム　合理的配慮

僕の家の近所には、販売窓口が地下にあるファストフード店があります。エレベーターがないため、車いすでは地下におりて買い物をすることができません。しかし、そのファストフード店には一階部分にインターホンが設置してあるため、僕は地下におりるという負担なく買い物をすることができます。このように、車いすユーザーなど、障がいのある人が、過度な負担を伴わず社会参加の機会を得られるように社会の障壁を取り除き、障がい者に配慮することを「合理的配慮」といいます。

合理的配慮は単に障がい者などに対して、無尽蔵《むじんぞう》に配慮することを意味するわけではなく、配慮する側にも過度な負担を伴わないことを含んだ言葉になります。先ほどのファストフード店の例でいえば、企業側はエレベーターを設置するとなると負担が大きすぎますが、代わりにインターホンを設置することで、地下に来られない人も買い物ができるように工夫し、合理的配慮を実践しています。

この「合理的配慮」という言葉は、二〇一六年に障害者差別解消法が施行されたことをきっかけに社会で大きく注目を集めるようになりました。この法律によって、国や地方自治体などの行政機関は当事者の求めに対して、可能な限り合理的配慮を提供することが義務づけられ、また民間事業者においても、努力義務が定められています（二〇二一年五月、合理的配慮の提供を民間事業者にも義務づける改正障害者差別解消法が可決され、三年以内に施行されることが決まりました）。

先ほどのファストフード店の例で言えば、車いすユーザーでもハンバーガーが買えるように工夫がなされ、合理的配慮の努力義務が果たされているようにみえます。しかし、本当にそうでしょうか。あくまで消費者としての車いすユーザーへの合理的配慮はなされていますが、たとえば、ここで働きたいと思う車いすユーザーがいた場合はどうでしょうか。

当事者目線から見ると、まだまだ合理的配慮の努力義務が果たされているとは思えないのです。

ただ、社会の変化は確かに感じています。この障害者差別解消法の施行によって、特に大学など高等教育機関での対応が大きく変化してきていると実感しているからです。僕が大学受験に挑んだ二〇年前とは比べものにならないくらい、大学の門戸は障がい者に対して広く開かれるようになってきました。大学の学生支援担当者たちには、障がいを持つ受験生や在校生に対して「合理的配慮をおこなわなければならない」という意識が出てきています。

現在僕は日本学術振興会特別研究員（PD）として中央大学にお世話になっていますが、中央大学では二〇二〇年に「ダイバーシティセンター」が開設され、障がい学生に対する支援窓口としても機能しています。

中央大学に入る前から指導教員の先生や担当職員の方と複数回、話し合いの場を持ち、僕が大学で研究活動をするうえで必要な配慮と、大学で提供可能な配慮について、対話を重ねてきました。僕は自分の研究を遂行するために必要なこととして、主に次の四点の配慮を要望しました。

①公費での支払いがむずかしい、研究のために必要な介助費用について、大学側での保障
②視覚障がいのある僕は音声で読み上げてもらう必要があるため、対面朗読室の優先的予約／書籍のテキストデータ化
③毎回、荷物が多くなり移動介助に危険があったため、荷物を置いておけるロッカーの貸与
④キャンパス内を移動するときの有償ボランティア学生の斡旋

大学側は僕の要望に正面から向き合い、配慮可能なことと大学側としての限界を示してくれました。要望を一〇〇％受け入れてもらえたわけではありませんが、社会に出ると障壁だらけの僕が、今も研究を続けていられるのは、中央大学が僕の求めに耳を傾けてくれたおかげです。

ここで言いたいことは、合理的配慮は決して「与えられるもの」ではない、ということです。

確かに、制度として、合理的配慮という言葉は広く浸透し、入り口は整備されてきているかもしれません。しかし、個々の当事者自身が行動しなければ、その先の道はつくられません。当事者が扉を叩き続け、対話を求めることで、初めて周囲が応えてくれると思うのです。先ほどの中央大学の例でも、僕が自分で声をあげなければ、必要とする配慮は受けられなかったでしょう。

大学院時代、この「合理的配慮」という概念が厄介なもので仕方ありませんでした。というのも、後の章でも述べますが、僕の論文執筆にかかわる介助者の支援が「合理的配慮の範囲を逸脱しているのではないか」と、批判されることもあったからです。

全盲でバリアフリー教育の専門家である星加《ほしか》良司氏によると、教育や就労における合理的配慮は、能力を公正に評価するためになされるもので、「本質的な能力」の評価を歪めるものであってはならないとされています。つまり、合理的配慮が障がい者の本質的な能力を水増しするものであってはならない、という主張です。

この定義に当てはめると、僕が介助者に求める合理的配慮は、その範疇を超えていることになってしまいます。しかし、そうすると僕のようなコミュニケーションに介助者の介入が欠かせない障がい者は、そもそも本質的な能力を評価される機会すら持てない、ということになってしまうのです。

僕自身、大変苦しみましたが（現在も解消はしていません）、僕は合理的配慮の定義が一方的に決められるのはおかしいとも考えています。そこで取り組んだのが、当事者研究を通して新たな合理的配慮の指針を発信するということです。

自分で話せない、見えない、書けない僕は、博士論文（以下、博論）執筆の際に、介助者から先読みや文章表現の提案といった配慮を受けています。しかし「博士の称号を得られるのは一人である」「論文には再現性がなければならない」といった一般的な規範により、介助者による先読みが合理的配慮であるとは認められない場面にも立たされてきました。

そこで僕は、介助者の介入ありきで論文を書きあげるという、一般的に考えられている規範からは外れてしまう自分の「弱い」部分にあえてスポットを当て、逆にそのことの合理性の証明を当事者研究によって実践してきました。そしてそれを発信することで、社会の見方を変え、すでにある合理性の考え方やその境界線を変化させること、ひいては合理的配慮の範囲を広げていくことにも繋がる、という可能性を実感しました（8章参照）。

もう一度言いますが、合理的配慮は「与えられるもの」ではありません。「でき上がっているもの」でもありません。当事者が自分のニーズを発信して、何が合理的であるかを社会と対話しながら、つくり上げていくものなのです。

僕は、障がい者が合理的配慮を受けるのは権利であると思っていますが、配慮を受けるためには相応の「責任を負う」とも考えています。それはたとえば、勤務先で配慮を受けることがあれば、それ相応に努力して、実績や売り上げで会社の配慮に応えていく責任を負うことになります。また、大学から配慮を受けたら、学んで、単位をとって卒業するための努力をする責任を負うことになります。これは、僕が今、組織の経営者という立場にあるからこそ、よけいにそう感じるのかもしれません。

「当事者が制度の上にあぐらをかいてはいけない」というメッセージは、僕への自戒の言葉であり、当事者である仲間にも伝えたい言葉です。

4章

大学進学、そして、ルーテルでの日々

大学生活スタート

二〇〇四年四月に、僕はルーテルに入学しました。

大学生活では、授業時間のノートテイク、板書やプリントの読み上げ、コミュニケーションの介助、教室の移動、トイレ、食事……あらゆることをどのようにクリアするのか、問題は山積みでした。養護学校では重い障がいの子どもに合わせた活動のリズムになっていたり、必要な介助は先生がやってくれたり、配慮を受けられて当然の環境でしたが、大学ではイチから自分で組み立てなければなりませんでした。

まず入学前から、学内での介助ボランティア探しが始まります。大学に紹介してもらい、大学近くの事業所に介助者登録をしている学生たちと繋がることができました。一年目はグリコのメンバーが通学に同行し、ルーテルの学生ボランティアにサポートを引き継ぎました。そして彼らといっしょに、授業のノートテイクなどを募集するチラシをつくり、そのチラシを配りながら新入生のオリエンテーションでプレゼンし、また、授業のはじめにアナウンスさせてもらうなどの広報もおこないました。

少人数でアットホーム、密な関係性を築きやすい校風が功を奏してか、学生が次々に僕のボランティアに参加したいと手を挙げてくれることになり、気がつけば七〇名ほどが登録してくれたのです。最初に中心となった学生たちが、学内で知り合いが多かったのも大きかったと思います。また、すぐに全体が見渡せるほどのこぢんまりとしたキャンパスで、一学年九〇人という大学のなか、「何やら学生が集まってワイワイ、キャッキャと騒いで楽しそう」、そんな雰囲気を彼らがつくってくれたことが、多くの学生が集まるきっかけになったと思います。おかげで、僕の存在が大学内で大きく目立つようになり、いつの間にか僕のサポートをする集団は、「ダイボラ」（大輔ボランティア）と呼ばれるようになっていました。

どう単位を取るのか

どうやって授業を受けるかという体制づくりと同時に僕が考えなくてはいけなかったのは、どうやって単位を取っていくのか、という点です。大学では、受けたい授業を履修《りしゅう》し、講義に出席し、最後に試験やレポート審査があり、合格ラインに達する内容であれば単位がもらえます。必要な単位数を満たさなければ、進級や卒業ができなくなってしまいます。念願の大学入学は果たしたものの、当然そこがゴールではありません。入試で個別交渉が必要だったように、授業ごとの試験方法についても、交渉していく必要がありました。

僕が要望したのは、評価をペーパーテストではなくレポートや口頭試問でしてほしいということ、レポートの提出時期をほかの学生より一か月遅らせてほしいこと、という二点です。大学ではその授業を受け持つ教員の裁量が大きいため、担当の先生一人ひとりに直接説明し、お願いしていきました。

レポートの提出時期をほかの人より遅くしてもらったのは、レポート作成の介助を大学の友人に頼むため、彼らが自分のレポート提出を終えた後でないと手伝ってくれる人を見つけられない、という理由からでした。また、レポートを書くための介助では、僕とある程度深いコミュニケーションがとれる人でないとむずかしく、授業サポートに入ってくれるダイボラのメンバーはたくさんいても、レポート介助までできるメンバーは限られていました。

同じ授業を受けているかいないかでも、文章作成の介助の質やスピードがとても左右されることもわかっていきました。そのため締め切りまでの期間で、誰にいつ、どの授業のレポート作成の介助を依頼するか、その予定を組むのに苦労したものです。授業サポートに入っていた人がレポート介助に入れない場合は、同じ授業を履修していた友人に頼むか、授業サポートに入っていた人に引き継ぎをお願いするなどの工夫も必要でした。

今では介助者のマネジメントが僕の仕事の一つですが、今にして思えば、そのための訓練はこのころから始まっていたように思います。

大学での時間が増える

そうしてなんとか大学生活の基礎づくりは進んでいきましたが、そのほかにも大学一年目は大きな変化が数多くありました。まず一つは、大学に通い始めて半年後、千葉から大学近くのマンションに家族で引っ越したこと。それによる大きなメリットは一限のために朝四時に起きなくてすむようになり、授業中の眠気との格闘が減ったことです。また大学の友人と授業後もいっしょに過ごす時間が増え、母もずっと学内で待機する必要がなくなったことも大きな変化でした。それでも、危険を伴う僕の食事介助を学生ボランティアが担うのはむずかしいと判断し、昼休みには母が毎日学食に通って、食事介助をしてくれました。

また入学時は神学科でしたが、一年後に社会福祉学科へ転科することを目標に、交渉や手続きを進めました。そもそも僕は大学で福祉を学びたいという希望があり、ルーテルの受験を志したのですが、大学側と受験について話し合いをしている際に、倍率が低いことと六年かけて学べるという理由から、僕の希望する社会福祉学科ではなく、神学科の受験を勧められたのです。僕が実際に授業についていけるのかを大学側は案じてくれ、学生の数が少なく、きめ細かい対応がしやすい学科を考えてくれたのだと思います。大学受験一回目は社会福祉学科にチャレンジしたものの、不合格。二回目の受験の際はもう後がない！　という気持ちもあり、大学側の提案に賛同し、神学科を受験しました。

しかし、入学後にできた大学の友人の多くが社会福祉学科だったことと、実際に授業を受けた感触で、ますます社会福祉学科で学びたい気持ちが大きくなっていったのです。神学科で基準以上の成績（優・良・可・不可の四段階評価で、優を八割以上）を収めれば転科可能という条件がありましたが、一年後、無事にそれをクリアし、社会福祉学科に移ることができました。

ボランティアの限界

このように書くと、大学入学後いろいろなことが順調に進んだように見えるかもしれませんが、その実態についても触れていきたいと思います。

最初は順調にボランティアが集まったと書きましたが、ただ黙っているあいだに人が集まってくれたのではなく、人集めのためにさまざまな手段を取っていました。たとえばルーテルでは入学して最初に一年生全員が参加する一泊二日のオリエンテーションフォーラムがあるのですが、僕はそこで、リーダーシップのある学生の友だちといっしょに、ボランティアのチラシを大量に配ったのです。また、少しでも興味を持ってくれた学生とは、積極的に連絡先の交換をし、最後の一押しに「泣く演技」もしました。そんなことまでして、と思われる人もいるかもしれませんが、ときにはあえて自分を少し卑下し「可哀想な障がい者」と思われるよう、自己演出もしていた、ということです。僕に興味を持ってもらい、同時にボランティアに入る動機も持ってもらうためには、本意でなくとも、さまざまな工夫が不可欠だったのです。

そして、幸いにもボランティアが集まり、少しばかりホッとしてもそれは束の間で、すぐに次々と課題が出てきました。

そのうちの一つはシフトづくりです。一限から五限まで、誰がノートテイクに入って、次のコマの担当といつどこで交替するのか、一つひとつ調整していくのは、不慣れなこともあり、とても骨の折れる作業でした。また、前後に授業がある空き時間などでは、入りたいと言ってくれる人が多くいましたが、一限の場合、わざわざ朝早くに登校して僕のノートテイクに入ってくれる人を探すのはとても大変です。さらに、無事にシフトが組めても、ドタキャンや来るはずの人が来ないなど、急遽穴埋めのシフト調整が必要になるといったことも少なくありません。ダイボラのメンバーとの時間はとても楽しい思い出も多いのですが、一方、学生生活の安定性から言うと、常に自転車操業の状態でした。

また僕が一年生のとき、ダイボラの中心的な存在であり、僕の介助や人集めに慣れた学生たちは当時の四年生で、一年後には卒業を迎えていなくなってしまいました。数多くの時間を重ねて、一人で僕の介助ができるようになった彼らが、卒業でいなくなることは、僕にとってはとても大きな痛手でした。その後、繰り返し苦しむことになる学生介助者の卒業問題は、このころから始まっていたのです。

僕が特にボランティアの限界を感じたのは、当事者の側が金銭以外の面で目に見えにくいコストを払い続けなければならないということです。金銭以外のところに魅力やメリットを感じてもらわなければ、ボランティアに参加してくれる人を募り、さらに続けてもらうことは現実的には困難でした。母に協力してもらい、ダイボラのメンバーを自宅に招き、食事をご馳走することは日常茶飯事でした。それはコミュニケーションをゆっくりとれる楽しい時間ではありましたが、ボランティアを続けてもらうために課せられた義務のようにも感じていたのです。

僕はボランティアを続けてもらうために、相手の機嫌を取ることにとても気を遣っていたと、今、振り返って思います。たとえば、一限のノートテイクの担当者が寝坊して来られないということがよくありました。そのたびに僕は急いでほかに頼める人を、電話を何度もかけて探し、どうにかして授業に出席する方法を工面しなくてはなりませんでした。僕は急にサポートをキャンセルされても、「仕方ない、相手にも事情があるのだし……」と自分を納得させるしかなかったのです。文句を言って気まずくなるのが嫌でしたし、ボランティアから抜けられると困るのはこちらだからです。

それはとてもフェアな関係とはいえず、僕は不満があっても相手の都合を受け入れるしかありませんでした。「責任感」を持ってほしい、どうしたら「責任感」を持ってもらえるだろうか、と悩みました。責任を持ってサポートしてもらえなければ、僕の学生生活はいつまでも足元が安定しないまま、安心して学びに集中できない、と。

このようにボランティアの存在を考え続けるなかで、僕はボランティアには次のような特性があると考えるようになりました。

一つ目は無責任な行動が生まれやすいこと。活動へ参加するかしないかは、ボランティアの善意に頼っており、「今日は気が向かないな」とドタキャンしても、その無責任さが批判されることはありません。

二つ目は、ボランティアされる側が同情を買われないといけないということ。自分が「可哀想な存在」であることで、ボランティアの「助けてあげよう」という善意を獲得することができます。しかし、たとえば仮に僕が「裕福な家庭にいる」とボランティアの目に映ると、「可哀想な存在」として同情されにくく、ボランティアはやりがいを感じにくくなって離れていってしまいます。ボランティアに支えられた生活をする以上、あまり「恵まれている」と思われないようにする努力も当事者には必要なのです。

以上のようなことから、大学生活上、必要不可欠な介助とボランティアは相性がよくない、ということに気づき始めました。ボランティアを否定するわけではありませんが、こうした特性を持つボランティアという仕組みでは、僕の大学生活を安定させ、継続させるのには限界があったということです。

僕は、障がい学生サポートの組織化／有償化の必要性を、ひしひしと感じるようになっていきました。また、僕の入学をきっかけにほかの重度障がいの子たちにも、大学入学の門戸が広く開かれるようになってほしいという願いも持っていました。「僕一人が我慢すればよい問題ではない」「僕が卒業すれば同時になくなってしまうような団体ではなく、大学のなかに障がい学生サポートのための組織をつくりたい」。いつしかそう考えるようになっていたのです。

そうした組織が大学にあれば、学生は「助けて！」と声をあげやすくなるからです。僕は、自分の学ぶ環境づくりを通して、「誰もが助けてといえる大学にしたい」という思いを持つようになりました。

LSSの立ち上げ

そこで、そのような組織をつくることができないか、僕は模索を始めました。学内にはほかに視覚に障がいのある学生などはいましたが、常に他者のサポートが必要な障がい当事者は、当時は僕一人だけでした。僕の思いをかたちにするためには協力者が多数必要だったため、ダイボラのメンバーに自分の考えや思いを伝えていったのです。当初は有償化に反対するメンバーが半数以上いたのですが、僕はボランティアの限界による当事者へのしわ寄せの現状を伝え、少しずつ理解者を増やしていきました。

新しい組織づくりについて、僕は「人」と「お金」と「継続性」の三つの要素から考えました。

「人」については、ダイボラで築いた関係性や人脈が大変活きて、僕のサポートに慣れた三、四年生約二〇人が僕の考えに賛同し、積極的に組織づくりに協力してくれました。

問題は「お金」と「継続性」について。その二つを成り立たせるために、僕は障がい学生サポート組織を大学直轄《ちょっかつ》の組織とする必要性を感じていました。当事者に大きな負担を強《し》いることなく学ぶ権利が保障されるためには、財源は公費による支援が適当と考えましたが、当時は障がい者介助の制度はほとんどなく、大学就学のための介助者はいっさい認められていなかったのです。そのため、大学から予算をつけてもらう方法を模索することにしました。

大学側は僕の考えを聞き、受け止めてはくれたものの、すぐには話が進みませんでした。そこでまずは二〇〇六年に学生有志の団体として、先に書いたメンバーとともに「ルーテル・サポート・サービス（通称ＬＳＳ）」を設立。もともとは僕のボランティアのために集まってくれたメンバーたちでしたが、いつしか「障がいを持っていても誰もが安心して学べるように」という理念を共有するようになり、ほかの障がい学生のために活動したい、という気持ちを持つように変化していきました。このことは僕にとって大きな喜びでした。

大学との交渉を続けながら、ボランティアのメンバーたちといっしょに日本福祉大学や日本社会事業大学（以下、社事大）の障がい学生支援センターの視察に行ったことも。学生が中心となって運営されていた社事大の障がい学生支援センターとは、その後も情報交換などの交流が続くことになります。

視察の際、僕の一番の関心は、どのように運営資金を賄っているか、という点でしたが、いずれの大学も、大学側が運営予算をつけ、学生がノートテイクなどのサポートを担い、その対価に報酬が支払われる仕組みが採られていました。また、私立大学の場合は「私学事業団」から「私立大学等経常費補助金」が給付される仕組みがあり、障がい学生が在籍している場合、毎年の補助金に一定額が加算されることを知りました。

ほかの大学の情報を得るなかで、ルーテルでもLSSを大学公認の組織として位置づけることや、学生サポートの有償化は可能だと確信し、視察した大学のデータもまとめ、大学側と交渉を重ねました。交渉のコミュニケーション介助はLSSのメンバーにお願いするときもありましたが、交渉ごとの場面では、特に僕の考え方の理解や、高い読み取り技術が必要となり、当時そういったコミュニケーション介助を頼めるのは母しかいませんでした。LSSの仲間には恵まれ、とても助けられましたが、一方、この問題で困っている当事者は僕以外におらず、ほかのメンバーに僕と同じ思い・熱量を持ってもらうことはむずかしく、孤独を感じることもありました。

しかし、オープンキャンパスに参加していた聴覚障がいのある高校生との出会いが、僕に大きなモチベーションをもたらしました。彼女が安心して学ぶためには、ノートテイクを保障できる仕組みをつくらなくてはいけない！　と。また、大学側にとっても彼女の受験は「ノートテイク有償化に向けて取り組まなくてはならない状況」がつくり出され、話が前に進む大きなきっかけとなったのです。

そして、二〇〇八年の秋には、ついにLSSが大学直轄の組織として認められ、さらにノートテイクの有償化が実現。授業の支援に入った学生には、一コマあたり図書カード五〇〇円が支払われるようになりました。まだ十分でない額ではありましたが、非常に大きな変化だったことは確かです。

僕はこのとき、「誰かのため」に「交渉」によって「仕組みを変える」ことの喜びを強く感じ、そしてこれが、僕のその後の考え方、活動にとても大きな影響を与え、あらゆる場面で社会運動を意識していくきっかけとなりました。

学びの宝庫であり、リクルートの宝庫

ルーテルに入学して以降、「大学」は僕にとって大切な居場所のひとつになりました。本を読むにも、何か検索するにも、すべて人の手を借りる必要のある僕にとって、新しい情報や学びにアクセスしやすい環境である大学はとても重要なものです。僕は以前、自伝に以下のような文章を書きました。

僕にとって「学び」は、人が毎日、新聞を読むのと同じである。自分から積極的に情報

を得ようとしなければ、情報から隔絶されてしまう。僕が、大学という場所にいたいと思うのは、新しい情報を耳から日々得られるためである。多くの人は学びを役立たせるための時間と考えるであろうが、僕にとって「学び」は生きている時間そのものである。だから僕は「学び」をやめられない。

（『声に出せないあ・か・さ・た・な』）

さらにもう一点、僕にとって「大学」という場はとても重要な要素をもっているのです。それはリクルートの宝庫である、という点です。介助者を複数人雇用して自立生活をしている重度障がい当事者の方に会ったことをきっかけに、僕は「自分が自立できるかどうかは、介助者をリクルートできるかが大きな鍵を握っている」と考えるようになりました（次章で詳しく触れます）。語弊《ごへい》があるかもしれませんが、大学は、自由な時間を多く持ち、新しいことを吸収していく余白のある人材との出会いには、まさにうってつけといえます。

一方、大学で居場所を見つけられない、やりたいことが見つからない……とモラトリアム期間にある学生にとっても、個々の関係性を築ける介助という仕事は、大きな魅力となります。当事者との相性さえ合えば、承認が得られ、やりがいを持てる仕事だといえるからです。

大学時代の僕の工夫でいうと、ノートテイクのボランティア学生とコミュニケーションをとるツールとして、いつもフリスクを鞄に入れておくようにしていました。授業中でも気軽にできるコミュニケーションとして「フリスク食べる？」と僕からボランティア学生に声をかけ、関係性を縮める工夫をしていました。そしてこのときに「ありがとうございます」で終わらず、「大さんも食べますか？」と返してくる学生がいると、「今度、介助者養成研修に誘ってみよう」と考えるのでした。

実際、ダイボラで出会い、ＬＳＳ立ち上げまでかかわってくれたメンバーは、後に僕が公的な介助制度を利用する際に、みんなで介助者養成研修を受講し、学外での僕の介助者としても活躍してくれました。

卒論を書く

ルーテルでは、卒論は必修ではありませんでした。そのため、僕の在学していたころは履修希望する学生はほとんどおらず、実際、僕の学年でも卒論を執筆したのは三名のみ。しかし、長い時間をかけて自分の考えを反芻《はんすう》し、言語化し、論じることのできる卒論という学習方法は、僕のコミュニケーション方法にはとても向いている、と考えました。さらに履修人数が少ないからこそ、週一回、マンツーマンで担当教官から指導を受けられる環境も僕にはとても魅力だったのです。

僕は、ほかの学生と同じスタートでは絶対に間に合わないとわかっていたため、二年生の終わりごろから自分で準備を始めました。ここでも頭を悩まされたのは、介助者をどうするか、という点です。論文を書くとなると、それまでのようにボランティアの学生に代わるがわる介助をお願いしていては時間と労力がいくらあっても足りません。僕の考えやその道筋を理解し、共有できている介助者でなければ、僕が論文に書きたいことを、前後の文脈に沿って、一般的な文章になるまで体裁を整えていくのはどうしても無理だからです。なので、僕は一人の介助者に継続的に執筆介助をお願いすることを決め、その介助者探しを始めました。

しかし、卒論執筆の時期、同学年の友人たちは就職活動や国家試験の勉強に忙しく、また専門知識も必要であったため、後輩にお願いするのはむずかしいと判断しました。そこで、ＬＳ立ち上げ準備のときに出会ったほかの大学の学生で、その後大学院へ進学していた知人に介助者になってもらうことを依頼したのです。参考文献の読み込み、インタビューの文字起こしは、ほかの複数の介助者といっしょにおこないましたが、インタビュー当日の介助や分析・考察は常に一人の担当介助者と進めました。僕が「あかさたな話法」で一つひとつ説明しなくとも、次の作業へとスムーズに進めることは大きな利点でした。

しかし、一方でその介助者と予定が合わなければ、僕は考察や執筆を進めたくても進められない、という弊害《へいがい》も出てきてしまったのです。さらに、僕と介助者のあいだで、情報量やアウトプットスピードの格差による歪みも徐々にあらわになっていきました。つまり、僕と介助者が同じ文献を読み、インタビューの場を共有していても、耳だけでしか情報のインプットができない僕に比べ、介助者は目からも耳からも、そして自分で動いてどんどん情報を吸収することができます。また、考察をしていても、アウトプットにものすごく時間のかかる僕に比べ、すぐに自分で声に出して説明できる介助者とは、考えを深められるスピードにも差が生じていると感じました。僕は、書ける、話せる介助者に対して悔しさと羨ましさを感じるようになったのです。

また、僕は彼に効率的に執筆介助をしてもらうために、自分の持つ情報をどんどん提供して共有した結果、彼も僕の卒論執筆に対する熱意がどんどん高まっていきました。しかし、その彼の熱意の高まりと同時に、彼の卒論を僕が手伝っているのか、と錯覚してしまうほどに主体性の逆転がおきるようになりました。特に論文の考察部分は、介助者の彼の意見が多く入っていたように思います。

僕は介助者を媒介として、文章で思いを表現し「伝える」ことにおもしろさを見出し、大学院への進学を具体的に考えるようになりました。しかしこのときの経験から、大学院での論文執筆は介助者と一対一の関係ではなく、チームで、つまり僕と特定の複数の介助者とで進める体制を取ることにしました。そのことにより、僕と多くの知識を共有し、専門的な文章の作成を介助できる介助者は育てつつも、あくまで全体を把握し、イニシアティブを取るのは僕一人という状態を維持できるように試みたのです。それでもなお、発話困難な重度身体障がいを持つ僕が「論文を書く」というのは、常に介助者との関係性やジレンマに悩まされることの連続でした。これについては、またこの本の後段で触れたいと思います。

大学生活で得たこと

二〇〇八年六月に卒論を完成、九月に大学を卒業しました。ルーテルではさまざまなことを経験しましたが、特に一つ、大学生活を通して身にしみて感じたことがあります。

それは「対話することの大切さ」です。僕は、大学入試への配慮の要望から、入学後の学びのサポート体制の構築、そして卒論の執筆まで、大学関係者や行政担当者、学生、介助者など、さまざまな人と対話しながら進んできました。ときには自分の意見を強く主張し、押し通さなければならない場面もありましたが、自分の主張だけでなく、相手にとってのメリットも同時に考えることを僕は常に大事にしていました。また、「障がい学生が学べる環境をいっしょに、ゼロからつくっていく」という思いが、周りからの共感を生み、話が前進していくきっかけになったのだと思います。この「対話することの大切さ」は、それ以降の僕自身の人生の指針となっています。

そして、大学生活を振り返ると大きく分けて三つの成功体験があり、それがその後の僕を前進させる力となっています。その点に触れて、この章を締めくくりたいと思います。

一つ目は、在学中、親に一度もノートテイクを頼まなかったことです。当日のドタキャンなどにより、直前で別の学生にお願いすることも多々ありましたが、親にノートテイクを頼むことなく過ごすことができました。このことは、僕が親から自立していくことの大きな自信に繋がりました。

二つ目は、LSSを立ち上げたことです。当初ダイボラは、僕の学びの環境を構築することが設立の理由でしたが、LSSを組織することが、後輩として入学してくる障がい学生の学びの保障にも繋がることがよくわかり、僕が社会運動をしていくことのモチベーションに繋がりました。

三つ目は、卒論を執筆したことです。「発話困難な重度身体障がい者」の僕でも、目に見えるかたちで社会にアウトプットすることができるという大きな自信を得られ、大学院進学という その後の進路にも繋げることができました。

ノートテイクで得た他人による介助経験の自信が、その後の当事者事業所の設立・運営へ、LSSを立ち上げたことによる社会運動の経験が、一般社団法人の立ち上げへ、卒論の執筆が、その後の研究者としての道に繋がったのです。

次の章では、重度障がいがある僕の生活上欠かせない重度訪問介護制度について、特に、自治体とどのような話し合いを経て自立に必要な介助時間数を得てきたのかを、振り返りたいと思います。

コラム　大学での障がい学生支援

合理的配慮のコラムでも触れましたが、大学での障がい学生に対する支援体制は、僕が在学していたころに比べると、ずいぶん変化してきました。多くの大学で「障がい学生支援室」が設置され、学びに必要な合理的配慮を調整するための窓口が整備されてきています。

また、重度訪問介護(後のコラム参照)が就学に使えないという問題点は解消していないものの、二〇一八年からは「重度訪問介護の大学修学支援事業」という制度が設けられました。この制度を使えば、大学などの高等教育機関に通学する際や、学内で介助が必要な際、ふだん使っている重度訪問介護の介助サービスを同じように利用できます。

しかし、この制度は無条件で利用できるわけではありません。市区町村の必須事業ではなく、必要な場合は制度を整備することができる任意事業に位置づけられています。まだ限られた自治体でしか制度が整っておらず、制度がない自治体の場合には、制度をつくってもらうよう交渉するところから始めなければなりません。さらに、基本的には障がい学生が在籍する大学側が合理的配慮をおこなう義務がある、という考え方があるため、この制度によって介助サービスを利用できるのはあくまで「大学が支援体制を構築できるまでのあいだ、期間限定」という仕組みの制度になっています。そのため、制度としての枠組みは用意されたものの、その足元は非常に不安定なものといえます。

僕の事業所でも、この制度を利用して大学に通学している利用者さんがいますが、実際に携わってみて大変驚いたのは、その「報酬単価」があまりに低い、ということです。大袈裟ではなく、サービスを提供すればするほど、事業所が赤字になってしまう金額なのです。自治体で制度を整備しても、単価の低さがネックになって、引き受けてくれる事業所が見つからないという問題も発生しています。

報酬単価とは、介助サービスを提供した際に行政から事業所に支払われる金額で、一時間あたり○○円と設定されているものです。そしてこの報酬をもとに事業所は介助者に給与を支払い、事業所運営の経費に充てています。つまり報酬単価が低いということは、介助者に十分な給与を支払えなくなってしまったり、事業所の運営自体がむずかしくなってしまうため、この制度によるサービス提供を断らざるを得ない事業所が出てくるというわけです。

この制度があることで進学が叶った人もいますし、現時点ではこの制度に頼るしかない人もいるのは事実ですが、やはりそもそも重度訪問介護に制約があることが大きな問題です。重度障がい者が進学や就職をめざしたときに、介助サービスに制約がかかってしまうのは大きな矛盾や理不尽さがあるように思うのです。

このコラムではもう一点、大学での修学支援とは具体的にどんなことがあるのか、という点にも触れておきます。

代表的なものは「ノートテイク」で、そのなかでも最もメジャーなのは聴覚障がいのある学生の情報保障のためのノートテイクです。先生が講義している内容、その場で話している内容を同時進行でノートに書きだし、耳の聞こえない学生もできるだけリアルタイムに授業内容の情報を得られるようにサポートします。

そして、大学ごとに異なりますが、たとえば中央大学では一時間あたり一〇五〇円など報酬設定があり、大学側がボランティア学生に対して時間分の報酬を支払うことになります。サポートに入る前にノートテイク講習会の受講を義務づける大学も多くあります。

僕の場合、耳は聞こえるので、先生の言葉を一つひとつ書き取るというよりは、板書をノートに写してもらったり、あとで振り返るために必要な内容をノートにとってもらっていました。最初はルーズリーフにテイクをしてもらっていましたが、途中からはワードに打ち込んでもらうようになりました。レポートの数が増え、授業のレベルが上がってきてからは、授業内容を振り返る必要性が高まり、読み上げ機能や検索機能が使えるワードが重宝するようになったからです。

最近は「UDトーク」など、音声認識により瞬時に自動で文字起こしをしてくれるアプリも流通してきています。しかし、まだまだ誤認識も多いので人の手で随時修正をしながら、情報保障をしていく必要があります。

それに僕はどんなに技術が発達しても、もしくは重度訪問介護が大学で利用できるようになっても、僕が大学在籍当時に学生ボランティアの存在を通して得たものは何物にも代えがたいものだと思っています。僕にとって学生ボランティアは人生に欠かせない出会いの場でした。そして、彼らと過ごした時間は、僕にとって〝遅れて来た青春〟だったのです。

入学式で僕を見て、驚いた学生も多かったことでしょう。僕に話しかけるには、とても勇気がいるはずだからです。でも「ボランティアをする」ということがきっかけとなり、僕は多くの学生とかかわりを持ち、関係性を築き、大学というコミュニティに溶け込んでいくことができました。とても嬉しいことに、僕のボランティアに参加することで大学での居場所ができたと話してくれる友人もいました。

僕は障がい学生のサポートとして、二つの仕組みが必要だと考えています。一つは重度訪問介護の制約を緩和して学内でも利用できるようにすること。特に医療的ケアが必要な場合やコミュニケーション介助が必要な場合、学生ボランティアには荷が重すぎると同時に、当事者の不安・負担も大きくなりすぎます。

学ぶことも生活の一部です。大学に行くことだけを生活から切り取るのではなく、命を守りながら学べる仕組みは公的資金で保障すべきです。

しかし、すべてが公的サービスに置き換わってよいのだろうか、という思いもあります。そのため二つ目の仕組みとして、大学が個々の障がい学生のニーズに応じた合理的配慮をおこなう体制は、今後も進めていく必要があると思います。学生ボランティアを募り、管理し、マネジメントする。僕の大学時代に大学の責任においてそれを担ってもらえていたら、大学生活はもっと学びに集中できたろうと思います。どうしても学生ボランティアが見つからないときには大学職員がサポートに入る、というくらい、学びたいという障がい学生の思いの保障に向き合ってほしいと思います。

5章　二四時間介助への道

武蔵野市へ

大学に入学してからは、まず通学のハードルがありました。前にも触れましたが入学当時は千葉市のマンションに住んでいたため、往復一五〇キロを車で移動する毎日だったのです。一限があるときには、朝四時半にグリコの友人が来て仕度をし、五時半に家を出る。父が会社の近くまで車を運転し、父の会社から大学までは母が運転、という流れでした。

両親は当初、僕が大学に通い続けるのはむずかしいのではないかと案じており、すぐに引っ越すことはしませんでした。どうやら、大学の授業についていけず、早々に飽きてしまうのではないか、と思っていたようです。しかし、毎日の通学で高速料金とガソリン代がかなり嵩《かさ》み、家賃を払うのとほぼ変わらない額が毎月のようにかかってしまいました。このように通学に要する負担が大きかったのと、半年間通ってみて、大学生活を続けられる自信が持てたため、大学一年の秋に大学の近くへ引っ越すことに決め、それから現在まで、僕は東京都武蔵野市に住んでいます。

大学と、最寄り駅のあいだくらいで転居先を探したところ、武蔵野市が第一候補に挙がりました。まず、大学が集まっていて、学生が多いのが魅力でした。大学が多いだけでなく、住みたい街ランキングで上位常連の吉祥寺もあるため、若者が集まりやすい条件が整っています。公的介護保障制度以前、重度障がい者の自立生活を支えた大きな柱のひとつはボランティアの学生たちでした。日本で障がい者運動を担ってこられた(主に重度の脳性マヒの)当事者の方たちの多くが、自立生活の場として、学生の多い街を選んでいました。

さらに、武蔵野市は特に福祉制度が進んでいる、という点が大きな決め手だったと言えます。たとえば、全国で初めて「契約による有償の福祉サービスの提供」という仕組みを取り入れています。福祉先進の市である背景には、先ほど挙げた吉祥寺のように、企業や人の集まる街があることや、本社を武蔵野市に置く大企業も複数あるために財政が豊かだということも挙げられます。

しかし、福祉の先進性があると評価の高い自治体に転居すれば、それだけで安泰な生活が保障されるわけではありません。

日本の福祉制度は申請主義のため、受給要件に該当していても、申請しなければ支給されないからです。福祉サービスを利用したいと思えば、市区町村の障害福祉課に申請して初めて物事が動き出します。千葉県から東京都に引っ越した僕ですが、東京都独自の「重度心身障害者手当」という制度をまったく知りませんでした。東京都民になってから二年後に、当事者の仲間から知らされて初めて申請手続きをとりました。転居時に渡された「福祉の手引き」には書いてあったようですが、それを丁寧に読まなければ、そして自分で気づかなければそれまで、ということなのです。

また、僕は今でこそ一日二四時間、介助者を確保できるだけの支給時間（公的サービスとして介助者を利用できる、個別の時間数）をもらい、一人暮らしを実現できましたが、そこにたどり着くまで一〇年以上の時間をかけ、市の担当者と交渉と対話を重ねてきました。

まずはじめに言いたいのは、僕の話を聞くことをやめずに向き合い続けてくれた武蔵野市に心から感謝している、ということです。交渉する、ということは、ときに敵対してしまうような場面もあったかもしれませんが、僕はいつか武蔵野市に恩返ししたい、という気持ちをずっと持っています。そんな僕と武蔵野市の歴史について、介助者の支給時間を切り口に振り返りたいと思います。

ピアカウンセリングで受けた衝撃

僕が最初に介助者の利用について市役所に相談したのは、二〇〇四年一二月でした。この直前に参加したＣＩＬ小平主催の「ピアカウンセリング集中講座」（以下、ピアカン）で、とても大きな影響を受けたからです（ちなみに「ピア」とは、仲間や同じ立場の人という意味があり、ここでいう「ピアカウンセリング」とは、同じ悩みを抱えた障がい当事者どうしが互いにカウンセリングすることを指します）。

参加当時、僕は勉強面の介助を友人のボランティアに手伝ってもらってはいたものの、身体介護はほぼすべてを両親に頼りきりでした。国立市の東京都多摩障害者スポーツセンターで三日間おこなわれたピアカンにも、母の介護で参加しました。

しかし、蓋《ふた》を開けてみると、親族の介護で参加している当事者は僕以外誰もいなかったのです。僕はそのことに、非常に大きな衝撃を受けました。そして同時に、「このままじゃいけない」という焦りも強く感じたのです。

特に大きな影響を受けたのは、ピアカウンセラーとして参加されていた一人の女性でした。彼女は頸椎損傷の当事者で、僕と同じ中途障がいでした。当時の僕にとって、彼女は「憧れの存在」として映りました。彼女は自分の専従の介助者を四、五人雇用し、二四時間介助を受けて一人暮らしをしている、ということでした。それだけの介助者の給料を払えるという事実に驚き、さらに介助サービスを利用して日常生活だけでなく、社会活動を積極的にして生活している様子をうかがい、よい意味でとても大きな衝撃を受けました（後に彼女は自身が代表となってＣＩＬを新設しています）。

支給時間の交渉について

身体介助量が多く、コミュニケーション介助も必要な僕は、すぐに家族介護から他人介助に移行するのがむずかしいとわかっていたため、まずは少しずつ慣れることを目的に介助者の利用申請を市役所に出しました。二か月間の春休みが迫っていたことを見越して交渉した結果、そのときには「大学長期休暇中、母親の不在時間とレスパイト目的に支給量を算定する」という判断基準で四四時間／月の支給時間が決定しました。

ちなみに「レスパイト」とは一時休止や休息の意味で、親などの家族介護者の負担軽減のために介助サービスを利用することを意味します。

二四時間介助が必要な重度障がい者が一人暮らしをするには、七四四時間／月（二四時間×三一日）の支給時間が必要です。親が年老いて家族介護がむずかしくなっても、僕が地域で暮らし続けるためには、親の世話を受けずに自分で自分の生活を築くためには、成人した大人として、ふつうの親子関係を築くためには、まだ、七〇〇時間もの支給時間を行政に求めていく必要がありました。

その後、二〇〇六年三月に再度市役所へ相談に行き、主に、入浴時や就寝時の体位交換をするとき、それを介護する母の負担が大きいことと、勉強をしに図書館に行くための介助について、話し合いました。大学三年次から卒論執筆に取り組むことと、そのころから大学院進学も考えていたため、大学の授業以外での学習を介助してもらう必要性が、とても高くなってきた時期でもあったのでした。

当時は大学への通学に関しては使える制度がいっさいありませんでしたが、社会参加の一環として大学の図書館へ通って学ぶ必要性を伝え、交渉しました。結果、この申請の際には一四時間／月の支給決定となり、その内訳は一日八時間が支給限度で、大学のない日(週四日)の日数分支給する、という説明でした。

ボランティアから介助者へ

そのころから有償・無償ボランティアを頼んでいた友人たちに介助者としての資格をとってもらい、本格的に自分の介助者を育てる、ということを試み始めます。僕の介助にある程度慣れている友人に資格を取ってもらい、「自薦登録ヘルパー(以下、自薦ヘルパー)」として、つまり「ボランティア」ではなく「仕事」として介助を担ってもらうように徐々にシフトしていきました（自薦ヘルパーについては後のコラムを参照）。

しかし、自薦ヘルパーの介助を利用し始めても支給時間は足りず、オーバーしてしまった分は自費で払う、ということがずっと続いていました。また、その時期はまず読書の時間や軽いコミュニケーションのときに介助を使うことが優先事項だったため、身体介護などの負担の重い介護は、相変わらず親に集中している状態でした。

二四時間介助獲得に向けて

支給時間はその後、二〇〇七年三月に二〇八時間／月、同年一二月に二四八時間／月、二〇〇八年一月に三二四時間／月になりました。大学卒業後の二〇〇八年一〇月には、自立生活に向けてさらに時間を増やしてほしいと思い、再度申請しました。しかし、親と同居していたため、世帯単位で介助量を算定するという方針が覆ることはありませんでした。

ところが、ついに両親とも介護負担から体調を崩すようになり、その診断書を提出することで二〇〇八年一二月に三七二時間／月、二〇一〇年一二月に四九六時間／月と変化していきました。そして二〇一二年一月、父が突然倒れて緊急入院するという事態に。父は幸いにも一命を取り留め回復しましたが、これを機に、ようやく七四四時間／月＝二四時間介助が認められ

るようになったのです。

この間、両親はそれぞれに働いていて、さらに身体的にも万全ではなく、いくつかの持病を抱えていました。こうした状況から、身体的にも精神的にも、介護を担うのは非常に困難であることを僕は繰り返し、市の担当者に伝えていたのです。

また、二〇一〇年から一階に僕、二階に両親と二世帯型住宅にし、別々に生活をしていましたが、これは、実質的には同居であり、家族には僕を介護する義務がある、というのが市の判断でした。前例がないこと、公平性に欠けるという理由から、独居でなければ市は二四時間の支給時間は出せない、と頑なな姿勢だったのです。

僕がどうしても二四時間の支給時間が必要だと思っていたのは、親自身の生活のこともありますが、当時交際していた彼女と結婚を考えていたこともとても大きな点でした。二四時間支給がなければ、彼女による介護ありきの結婚になってしまう。彼女の介護に頼らない生活を築き、お互いに自立した結婚生活を送る必要がある、と考えたからです。

当初の二四時間支給は条件つきだったため、その後も市との交渉は続きました。市への開示請求で取り寄せた僕のケース記録が手元にあります。五年前までの記録ですが、支給時間に関する相談記録だけでもＡ４で四〇ページ以上に及ぶ資料になっていました。

支給時間とコミュニケーションの質の変化

この支給時間数の変遷とともに大きく変わっていったのは、親の介護負担だけではありません。僕にとってなにより大きかったのは、介助者とのコミュニケーションが変化していったことです。

大学で、まだボランティア中心だったころ、介助を担ってくれるボランティアの友人たちとは軽いコミュニケーションしかとることができませんでした。たとえば行き先を伝えて移動を介助してもらう、指定した書籍を読み聞かせてもらう、簡単なメールの返信をお願いする、といったことが限度でした。

しかしボランティアから自薦ヘルパーに変わり、ともに過ごす時間が多くなっていくにつれて、深いコミュニケーションをとることができるようになっていきました。つまり、僕のふだん考えていることや価値観を共有したり、それを文字に起こしてかたちに残すことを介助としてお願いすることが可能になっていったのです。このように、支給時間の増加と僕のコミュニケーションの質は明らかに比例して変化していきました。

自治体との支給時間数交渉

ここまで述べたように、支給時間は自治体ごとの判断で、さらに個別ケースの状況に応じて判断され、決定されます。僕の持論では、重度障がい者の生活は支給時間しだいでまったく変わってくるのです。これまでの自分の経験や、いろいろな方からアドバイスをいただいたことを振り返ると、市と支給時間について相談する際は、自分の状態や要望をどのように伝えるかがポイントになる、と感じています。

まずは、自分の障がいの状態についてどう伝えるか。市の担当者の方は当事者の様子を実際に二四時間、目で見ることはできないので、いかに正確に必要な介助量を伝えるかが大事になります。

これは人から聞いたことですが、「重めの状態のときのことを伝える」とよいというアドバイスもありました。語弊がありそうなので、どういうことか少し解説すると、決して「嘘をつく」ということではありません。担当者と面談しているとき、その障がいの状態が重いかたちで表に出るときと、軽いかたちで出るときがあります。障がいや介助量は、振り幅があるということです。軽い状態の情報で判断されては、重い状態のときに必要な介助量を満たすことはできません。なので、重い状態のときのことを中心に担当者に伝えたほうが、より必要な介助量に合致した結果が出やすいということです。

また、この支給時間は、まず担当者が障害福祉課の上司に相談し、それから自治体ごとに設置される「障害支援区分認定審査会」での議論を経て決定されます。つまり、機械的に判断されるのではなく、いずれも「人」が総合的に判断する仕組みが採用されているのです。なので、担当者に状況を説明する場合、彼らが上司や審査会に報告するときに説得しやすい情報を渡すよう心がける必要があります。

現在は介護保険のように障がい福祉分野でもケアマネジメント方式が導入されており、担当の相談支援専門員(介護保険でいう、ケアマネジャー)と契約して、制度利用のプランニングをしてもらえるようになりました。他者を挟まずに、セルフプランといって自分でプランをつくって市に提出することも可能ですが、僕はあえて第三者的視点として相談支援専門員の方にプランニングをお願いしています。市と当事者の二者関係ではなく、相談支援専門員の方にも介助の必要性を理解してもらい、客観的な立場から後押ししてもらうことで、市の担当者は上司や審査会を説得しやすくなります。

さらに僕は、相談支援専門員の方に協力していただき、一週間のスケジュール表と、加えて五分おきの介助内容を書き込むなど、かなり細部にこだわった資料を作成しました。このことによって介助の必要性が可視化され、数字も用いることで、その根拠を説得力をもって示すことができたと思います。

この資料の作成は、僕の利用する相談支援事業所の尽力なしにはできませんでした。なじみのある相談支援事業所をひとつ持っておくことは、行政との交渉の際には大きな助けになると深く感じています。

まだまだ支給時間数の地域差は大きいですが、二〇一七年、石川県で二四時間介助の支給決定が出されたことによって、全国四七都道府県で二四時間介助保障の決定事例が確認されました。現在は、行政との交渉に弁護士が協力してくれる事例も珍しくなく、「介護保障を考える弁護士と障害者の会全国ネット」という組織もあります（詳しくは、介護保障を考える弁護士と障害者の会全国ネット編『支援を得てわたしらしく生きる！』を参照）。

しかし僕がここで述べたいのは、障がい者が自分の権利ばかりを主張し、むやみに介助サービスを利用すればよいということではありません。重度訪問介護という制度は長年にわたる障がい者運動の積み重ねによって築き上げられた制度であり、そうした先人たちの思いをリスペクトしながら受け止めなくてはいけない、と僕は思っています。現場の障害福祉課職員との時間数交渉においても対立一辺倒ではなく、当事者が、ある意味市の職員を「教育・変革」していかなくてはなりません。

行政職員は、障がい者の生活について知らないことも多く、当事者が彼らに一つひとつ伝えていくことを続けなければ、その地域は決して変わっていかないのです。当事者が単なるサービスの消費者になってしまってはいけない、と、僕は自分にも言い聞かせています。

ここまで、重度障がい者の生活の基盤となる、公的な介助制度についてお話ししてきました。次の章では、その制度を利用して実際に介助者とともに生きていくとき、その介助者たちとどんな関係性を築いていくのか、僕の経験と研究成果にもとづいて述べていきたいと思います。

コラム　重度訪問介護制度

これまでたびたび出てきた「重度訪問介護制度」について解説したいと思います。これは障害者総合支援法にもとづく障害福祉サービスで、重度の障がい者が地域で自分らしく暮らすための大変重要な制度です。

そしてこの制度は、ＣＩＬの介助者であり、障がい者運動の事務局員としても活動されてきた渡邉琢《わたなべたく》氏の言葉を借りれば「当事者たちが運動によってつくってきたもの」であり、「当事者たちの地域で生きたいという思いがいっぱいつまった制度」なのです（渡邉琢『介助者たちは、どう生きていくのか』）。

僕自身、障がいを持ってからの人生は、この制度を抜きにして語ることができないほどに、重度訪問介護に支えられてきました。

この制度は、在宅生活を送る重度障がい者を対象としており、入浴、トイレ、食事の介助、調理、洗濯、掃除などの家事、外出するときの移動介助、そのほか見守りを含めた生活全般の介助を必要に応じて受けることができます。また、長時間の利用を前提としているため、一日二四時間の介助を受けることも可能です。

この「長時間の利用を前提としている」点は、僕たち当事者にとって大きな意味を持ちます。当事者にとっては、介助の時間が細切れである場合、食事やトイレなどを介助者が来る時間に合わせていかなければなりません。

しかし本来、生理的欲求などは時間で決められるものではありません。そのためこの制度では、介助が必要な事態が発生することに備えて、「見守り」という介助内容があるのです。その結果、当事者のペースで介助を受けることができます。生活を細切れにすることなく、あらゆる生活ニーズをパッケージ化した制度設計になっているのは、当事者運動によってつくられたことの証のように思います。

このように、当事者にとって重要な制度である一方、使い方によって非常に幅が生じる制度であるという側面があります。つまり、この制度を熟知しているか、どう使いこなすかによって、重度の障がい者自身の生活は一八〇度変わると言っても過言ではないのです。

では、どうしてそんなに幅が生まれてしまうのか？

それは、この制度のもつ三つの特徴が大きくかかわっていると思います。

一つ目は、この制度では、当事者みずからが介助の必要性を自分の住む市区町村に訴えることによって、初めて支給決定がおりるためです。たとえば、家族が就労している、もしくは両親が高齢であるなどの理由により介護がむずかしいから、月に何時間の公的な介助保障が必要である、ということを、居住する市区町村の障害福祉課に説明し、当事者自身で申請、交渉をしていく必要があります。

つまり、障がいの程度によって一律に、自動的に支給されるものではないということです。言い換えれば、こういう生活を送りたいという当事者の強い意志によって支給時間を大幅に伸ばすこともできるのです。

二つ目は介護保険サービスのように、家事や身体のケアについての介助内容の限定がないことです。日常生活に生じるさまざまな事態に対応するための見守り業務を含む、ということも明記されています。

ですから、支給時間のなかで介助者にどのようなことをサポートしてもらうのか、ということを当事者が自由に決めることができます。

三つ目は、介助者を自分で選ぶことが可能であるということです。いわゆる「自薦ヘルパー」と呼ばれる考え方を指します。自薦ヘルパーについては次のコラムで詳しく触れますが、ここでも簡単に説明したいと思います。

介助者は、事業所から一方的に派遣されるだけではなく、当事者みずから選ぶことができるのです。たとえば知人、友人に声をかけ、あるいは求人を出すなどして、介助の初心者であっても二、三日で修了できる「重度訪問介護従業者養成研修」を受講してもらいます。そして、その人を事業所に自薦ヘルパーとして登録します。それにより、自分の生活に沿ったサポートをしてくれる、自分専属の介助者を得て、育てることができるのです。

既存の重度訪問介護事業所から派遣される介助者を利用することも、もちろんできますが、特に個別性の高い介助を必要とする僕のような重度障がい者にとっては、自薦ヘルパーはメリットが大きいように思います。なぜなら自薦ヘルパーは、自分の障がい特性について深く理解してくれ、また、自分のニーズに合わせて育成することができるからです。こうした仕組みをうまく活用できれば、自分が育てた自薦ヘルパーとともに、じっくりと生活の基盤を形成していくことができます。

このように、重度訪問介護制度では、誰にどんな介助をしてもらうか、ということを当事者が決定できるというわけです。これだけ聞くと、とても使い勝手のよい自由裁量の制度に感じるかもしれません。ですが、自由である反面、当事者には介助者確保や介助者との関係づくりなどといった、たゆまぬ努力もまた必要になるのです。僕はそういった意味で、よくも悪くも当事者自身でデザイン可能な、幅のある制度だと考えています。

しかし、この重度訪問介護制度には当事者個人の努力ではどうにもならない課題もあります。まず一つは報酬単価の低さです。障害福祉サービスにおける介助者派遣制度には、重度訪問介護ともう一つ、介護保険の「訪問介護」に準じた「居宅介護」というものがあります。これは比較的軽度の障がい者が利用することを想定した制度で、一回あたり一、二時間といった短時間での利用が原則です。居宅介護は「身体介護」や「家事援助」などのサービスに分かれていますが、そのうち身体介護の単価と比べると、重度訪問介護は半分程度の報酬額しかないのです。

本来であれば、重度訪問介護利用者のほうが障がいが重いため、介助の負荷に比例して単価も高くなりそうなものですが、その代わりに重度訪問介護は長時間の利用が認められている、ということです。

しかしそれらの仕組みによって、事業所が重度訪問介護を敬遠し、重度障がい者の選択肢が狭められている事態に繋がっています(渡邉琢、前掲書)。単価が安く、さらに長時間勤務が可能な人材を確保することのむずかしさも重なり、事業所が重度訪問介護に手を出しにくい構造になっているといえます。特に地方ではそれが顕著で、重度訪問介護サービスを受けたくてもそもそも事業所がないために地域生活を選択できない、という声も聞こえてきます。

くわえて地方では、財政難の自治体も多く、支給時間交渉が都心部に比べていっそう厳しいという話もよく耳にします。

また、就学や就労時には制度の利用ができないという課題もあります(詳しくは後ほど触れます）。いずれも自治体ごとに少しずつ利用できる制度ができつつありますが、重度訪問介護の利用とは別に、また多くのハードルを越えなければ利用できない仕組みになっています。

このように、重度の障がい者が地域で自分らしい生活を送ることは確かにまだまだハードルが高いです。当事者が声を上げて社会に訴え、変えていかなければならないこともたくさん残されています。

しかし、現状の重度訪問介護の制度でも上手に活用すれば、今、思うような生活が送れていないと悩む重度障がいの方でも、より自分らしい生活を築くことは可能だと僕は思っています。

6章　介助者との関係性を創る

身体介助だけでなく、コミュニケーションのための介助者

いままでにも書いてきたように、僕は二四時間、三六五日介助が必要な重度の身体障がいがあります。そのため、パソコンやスマホの操作をするときなども、常に介助者の手を借りなければなりません。日常生活すべてが「全介助」である障がい者にとって、介助者とは非常に大きく重要な存在です。彼らは単なる日常生活の支援者ではなく、当事者が社会参加し、夢を追求しながら生きていくための支援者でもあるからです。

当事者と介助者に、上下関係はありません。当事者は自分の人生を支えてもらえるよう、一生懸命、介助者を育てます。長期的にかかわってくれる、よりよい介助者に囲まれることで、当事者みずからの人生はいっそう充実したものになります。また、責任を持って自分の手で人を育てるということは、受け身であった障がい者が主体的に動きだすきっかけとなり、それは大きなやりがいにも繋がるのです。

介助者は、当事者の人生をいっしょにデザインしていくパートナーともいえます。互いに尊重しあい、切磋《せっさ》琢磨《たくま》していく関係です。このような介助者を(2章で紹介した)PAと呼ぶこともあります。たとえば自薦ヘルパーは、PAと言い換えることもできるかもしれません。

特に僕やＡＬＳの方のように、「発話困難な重度身体障がい者」にとって、ＰＡと呼べる介助者は非常に大切な存在といえます。知的障がいのある子を持ち、ＰＡの研究もおこなう岡部耕典氏は、ＰＡの「専門性」について「一般的な知識や操作的な対処の技法を学ぶことで」身につくものではなく、「個別の当事者との「ともに生きる」時間を共有した歴史を踏まえ、日常生活と不可分の当事者の自己決定を支えかつその決定の結果に対して共同で責任を持つことにより、その当事者との個別の関係性のなかで形作られ獲得されるもの」と説明しています。この文章は知的障がい／自閉症の方を想定して書かれたものですが、僕の「自薦ヘルパー観」と非常に合致していると感じました（岡部耕典「パーソナルアシスタンスという〈良い支援〉」）。

研究者でありＣＩＬの介助者でもある前田拓也氏が述べている通り、身体介助はある程度固定化されたルーティン作業と言えますが、自分の生活に必要な介助内容を介助者に伝え、実行させ、覚えさせ、ルーティン化させるまでに相当な労力がかかります。

さらに言えば、コミュニケーション介助に関してはルーティン化が困難であり、僕の介助者には、僕の発する短い言葉から、僕の考えや思いを一通り汲《く》み取ることのできるスキルが求められます。

もちろん、これは容易なことではありません。信頼できる介助者とともに時間を過ごし、少しずつ考えの共有をしていく。自分の考えや思いを、一字一字紡いで介助者に伝えていき、わかってもらう。それは、互いの思いやりと忍耐が最も試される時間です。

しかし、その積み重ねによって、介助者は僕の思いをだんだんと的確に読み取ってくれるようになります。この二人三脚があれば、僕のように発話が困難な障がいがあっても、社会から孤立せずに自分らしさを失わず生きていくことが可能になるのでは、と思っています。

「介助者手足論」と「おまかせ介助」

ここからは、より具体的な介助関係の話をしたいと思います。「あかさたな話法」のコラムで触れた「介助者手足論」とは、障がい者と介助者の関係性について、障がい者運動のなかで、最も一般的に浸透している考え方です。

これは一九七〇年代の障がい者運動のころに生まれた言葉です。この運動は、「施設収容」が原則で障がい当事者の自由や地域生活という選択肢がまったくなかった時代に、脳性マヒの当事者たちが中心となって立ち上がり、障がい者が、障がいのない人と同じように主体的な存在であることを認めさせるための運動でした。

この運動を語るのに欠かせないのが脳性マヒ者の団体である「青い芝の会」です。特に「関西青い芝の会」は重度の障がい者も多く所属し、手足論をはじめ、介助者との関係性について考えるさまざまなヒントを私たちに残してくれています（関西青い芝の会についての詳細は定藤邦子『関西障害者運動の現代史』を参照）。

この青い芝の会や「府中療育センター闘争」（次のコラム参照）の運動をきっかけとして、生まれてきたのが手足論という考え方でした。手足論は、もともとは、運動のなかにおける主張（運動というパフォーマンスの場面では、介助者は黒衣《くろご》に徹する）でした。たとえば、当時の障がい者運動を支えた健全者組織グループ・ゴリラは「力は貸すが頭は貸さない」というスタンスで、運動における障がい者の主体性を保ってきたといいます（金満里『生きることのはじまり』、ちなみに「健全者」とは青い芝の会で用いられていた特殊な用語で、「障がい者を差別する主体」という意味合いをもちます。差別する主体であるからこそ、黒衣に徹するべきだという理念がありました）。

しかし、その後時代とともにさまざまな変遷を経て、現在では、生活のなかでの介助者との関係性も指す言葉として使われるようになりました。

その正確な定義は多様な意見がありますが、たびたび引用される究極Q太郎氏の文章をここでも紹介すると、「介助者は障害者が「やってほしい」ことだけをやる。その言葉に先走ってはならず、その言葉を享《う》けて物事を行うこと。障害者が主体なのであるから、介助者は勝手な判断を働かせてはならない。このような論は「介助＝手足」論などとも呼ばれている」と説明されています（究極Q太郎「介助者とは何か？」）。

しかし僕は介助者とともに生きる生活を長年続けてきて、この介助者手足論だけでは障がい者の生活は成り立たない、ということを常々感じてきました。

イメージしやすいよう、介助者手足論を僕の生活の一場面に当てはめてみます。

たとえば、僕がカレーを食べるとします。僕の場合は一人で食事の準備や食べることができないので、介助者にお願いして、僕が食べやすいように食材をハサミで刻み、机にもってくるという食事の用意から、口に運び、咀嚼するまでを介助してもらい、食事をします。従来の介助者手足論に従うと、介助者は、「大輔さん、福神漬けから食べますか？　それともカレーを食べますか？」「ご飯を食べますか？　ルーを食べますか？　ひとさじの量はどのくらいですか？」というように細かく聞いてくるかもしれません。さらには「ルーの具にはにんじん、じゃがいも、たまねぎが入っていますが、どれを食べますか？」と聞く介助者もいるかもしれません。スプーンに載せる量や食材の種類まで細かく聞くのは従来の、すべて障がい者の指示がないと介助者が動かない介助者手足論の思想になります。事例はやや極端ではありますが、完全に手足に徹する介助者とはこういうものです。

僕の場合、生活をしていくうえで食事以外にもやりたいことがたくさんあります。そのため、食事だけに多くの時間を割けません。先の例のように当事者の自己決定のみでは時間がかかってしまうだけでなく、一日の限られた時間も奪われてしまいます。このようなことを避けるためには、介助者と当事者が時間をかけて互いのことを知り、約束事やパターンを築いていく必要があるのです。食事の場合でいえば僕の好みや、ふだん口に運ぶ量を知っておくことで、毎回指示を出さなくとも、スムーズに食事をすることができます。それは暗黙の了解ごととなり、一〇〇％の理想とはいかなくとも、時間を短縮し、食べたいものが食べられるような「ある程度理想」の食事ができるようになるといえます。

食事の場面だけでなく、生活のあらゆる場面で、僕はこうした介助が必要となります。これは僕と介助者がともに過ごす時間を積み重ねていくなかで、少しずつ理解していくものであり、その理解のうえで、ある程度〝勝手に〟動いてくれる介助者の存在は、僕がやりたいことをやるためには絶対的に必要でした。長い時間をかけて、僕の考えを共有してきた介助者には、日常生活場面以外のこともある程度おまかせできます。

介助者手足論のように、一から一〇〇まですべてに指示を出し、介助者に黒衣に徹するようにさせていたとしたら……僕はおそらく、今のようにやりたいことを実現させたり夢を追求することはできていなかったでしょう。だから僕は、「ともに創り上げていく」という介助者との関係性にプラスの価値を置いています。

現在の僕の研究テーマの一つである「障がい者と介助者のよりよい関係性のあり方」は、介助者手足論だけでは表すことはできないと考えています。実際に僕は、介助者ごとに異なる役割を担ってもらい、それぞれに〝おまかせ〟で動いてもらっています。

僕はこうした介助のスタイルが、障がい者と介助者双方にとって、持続可能なよい関係性をつくる一つのあり方として、もっと一般化されるべきだと思っています。なぜなら、障がい当事者は、みずからが中心になって介助者を動かし、実現したい目標に向かって前向きになることができるからです。単なる手足としてではなく、介助者を同志とみなして、ともに何かをつくっていく関係性は、当事者一人ではできないことでも、もっと何かできるかもしれないという可能性が開けていくイメージを持てるのです。一方で介助者も、黒衣として指示通りに動くだけではなく、自分で考えて動けること、まかせてもらえることは、介助に責任とやりがいを生み出し、高いモチベーションで仕事をすることができるのです。

博論執筆とジレンマ

しかし、僕がこうした「おまかせ介助」の有用性を確信したのは、ごく最近です。大学院で博論を書いていたころ、論文執筆支援の中心メンバーだった介助者Aさんから、「一文字一文字自分の言葉で書くべきだ」と要求されました。

僕は一語伝えるにも人の何百倍もの時間を要し、さらに自分の目で見て文章を確認することもできません。なので長い時間をともに過ごし、共有知識を豊富に持つ介助者に僕の短い言葉を解釈してもらうことで、その障がいを補っています。試行錯誤のうえ、自分に残された「考える」という能力を最大限に活かすものとして、行き着いた手法でした。

しかしAさんは、そんな僕に強く苦言を呈しました。Aさんは、僕と同性かつ同世代で、国立大学大学院の博士課程に在籍していたため、介助者でありながらライバルのような存在でした。同じ研究職を志す者としてAさんは、介助者の意見も聞きながら協働で論文を書く僕を受け入れられなかったのではないかと思います。言い換えると、Aさんは「介助者手足論」の考え方が基盤にあった、ということです。一文字一文字自分の力で紡いでこそ、「自分の論文」と言えるのではないか、とAさんは僕に迫りました。

僕の心は非常に揺らぎ、一時期、論文を書けなくなるほどに思い悩みました。なぜならAさんは僕にとっての「理想の研究者像」でもあったからです。ひたむきに努力し、他者の意見に揺らぐことのない確固たる自分の主張を持ち、自分の力で論文にしていく。僕は、そんな姿勢で自分の研究に向き合うAさんを「かっこいい」と思い、憧れを抱きました。

一方でそんなAさんに「自分一人で論文を書く」ことを求められるたびに、僕の身体の状態ではそれがいかにむずかしいことかを理解してもらえない辛さと苛立ち、「理想の研究者像」に近づけない自分の情けなさでいっぱいになりました。いくら努力しても、コミュニケーションに介助者を介さなければならない僕は、自分の文章能力を自分一人のものとして普遍化することはできないのです。介助者と協働で文章を作成しても「この文章を書いたのは誰か。僕なのか。介助者なのか」という問いが、再帰的に何度も何度も僕の頭を巡るのです。

動けない、見えない、話せない僕は、研究したい、論文を書きたいという気持ちとは裏腹に、書くほどに苦しくなる、という負のループに陥ってしまいました。研究したところで、介助者と協働で書いた論文は「自分の論文」と言えるのだろうか……。介助者の能力に「依存」して、僕は自分の能力を水増しさせているのではないか……。僕は論文執筆における「能力の水増し問題」に長く苦しめられることになったのです。

そして僕はそのジレンマそのものを研究すると心に決め、自分の表現方法に徹底的に向き合い、掘り下げました（博論をベースに書籍化予定の『しゃべれない生き方とは何か（仮）』に詳述）。

僕は「介助者と協働で論文執筆する研究方法」にみずから疑問を持ちながら、介助者と協働で博論を書き上げました。しかし、ある意味自分の〈弱さ〉と徹底的に向き合っていく作業ともいえるその過程で、誰しもが自分一人の能力で生きているわけではない、ということに気がつきました（ちなみに僕は〈弱さ〉という言葉を、社会的規範からはみ出てしまうこと、それに付随する生きづらさという意味で使っています）。

人間は必ず過去に出会った人からの教えや出来事を通して、そのつど自己決定をしていきます。論文を書くのもそうした積み重ねになるのではないだろうか、と考えるようになりました。論文を書くにあたって指導教員やほかの研究者のアドバイスを受け、それを反映させていくことは特別なことではなく、また、その際にはもとのアイディアが誰によるものなのかは問われることもありません。しかし、なぜ僕の場合はジレンマに苦しみ、自分が無実であることの証明を求められるのでしょうか。

自己決定の質における“With who”

障がい者と介助者の関係性については、これまでにも数多くの研究がなされています。それらは介助者手足論を基盤に置きつつも、障がい者の自己決定に介助者が影響を及ぼさないことは現実としてむずかしい、という主張が多くの研究に共通しているように思います。

　その一つが社会学者である岡原正幸氏と前田拓也氏の研究です。岡原氏は、まず「何を食べるのか」「どこへ行くのか」といった活動の主目的を“What to do”と表現し、それを達成するための「どのようにおこなうか」といった手段や方法を“How to do”と表現して区別しました。そして“What to do”は障がい者が自分の意思や判断で決められるものであるが、それを達成するために介助者の手を必要とする以上、“How to do”には介助者の影響が避けられない、と述べました。

　一方、前田氏は、自身が経験した実際の介助場面を例に挙げ、“What to do”においても介助者の影響を完全に排することはむずかしいと主張しています。具体的には、「爪を切りたい」と思った当事者が前田氏にその介助経験があるかどうかを確認し、ないことがわかると「別の介助者のときに頼む」と決めた場面や、「眼鏡ではなくコンタクトレンズにしたい」当事者が、他人のコンタクトレンズの着脱をおこなうことに抵抗感があるのでは、と介助者へ配慮した結果、眼鏡のままでいる選択をする、という場面を取り上げていました。つまり、「爪を切る」「コンタクトレンズにする」という“What to do”が当事者のなかにあったとしても、それを実現するための“How to do”が介助者という他者である以上、“What to do”の自己決定が左右されるという介助現場の実態を明らかにしたといえます。
しかし、僕は自分と介助者の関係性を考えたときに、この"What to do"や"How to do"だけでは物足りない感じがしました。僕が「今日はどこへ行こうか」や「何を食べようか」「どの作業をしようか」と考えるとき、その日の予定は「どの介助者が来るか」によって決まっていることに気づいたのです。以下は、ある日の僕と論文支援担当の介助者との会話です。

天　畠　わしにとってのあいてんていていはひかわりた（わしにとってのアイデンティティは日替わりだ）。
介助者　月曜日は天畠A、火曜日は天畠B、水曜日は天畠Cみたいに？
天　畠　そう。
介助者　まあ、アイデンティティの問題はむずかしいですからね。それに関しては〜。
天　畠　つまりかいしよしやにあわせてあいてんていていかへんかする（つまり、介助者に合わせてアイデンティティが変化する）。
介助者　私がくれば論文モード、ほかの誰かがくれば、お出かけモードみたいに。介助者に合わせて、アイデンティティを着せ替えていくわけですか。なるほどね〜。

このように僕はふだんから自己決定において"With who"（誰とおこなうか）をとても重視しています（文法的にはWith whomという表現もあります）。介助者手足論では、介助者によって当事者の行動や自己決定が変わってしまうことはよくないこととされています。介助者が誰であっても、当事者の意思や判断にもとづいて自分のやりたいことを達成するものとされているからです。一方、"With who"を前提にすることで、介助者に説明する時間的な労力が大幅に軽減され、僕はやりたいことに力を傾けることができるのです。また先に述べたように介助者側も、一貫してひとつのプロジェクトの介助を担うことで責任とやりがいをもつことができる、というメリットもありました。

さらにいえば、特に外出の場合、好みの近い人といきたい、というのは誰にでも共通することといえるのではないでしょうか。僕は、コンサートや舞台を観にいくのが好きですが、やはり同じものを楽しんでくれたり、感想をシェアできる人といきたい、と思うのです。なんといっても介助者分のチケット代も払っていくのですから、隣で寝られたときにはテンションがガクッと落ちるものです……。

僕は障がい者と介助者の関係性において、もっと"With who"が重要視されてよいのではないか、と思います。介助者には、ときに黒衣になってもらう必要も当然あります。ですが、無色透明な手足としてではなく、一人ひとり個性や主体性を持ったオリジナルな存在として、僕は介助者と向き合っていきたいと思うのです。

引き継ぎ問題と遠隔地介助

また、"With who"という考え方は、引き継ぎの手間を省略できるという観点からも大事なポイントがあります。介助者に指示を伝える際に、その背景や経緯をすでに共有している介助者かどうかということによって、説明する際の負担がまったく変わってくるからです。

事業所を設立して以降、学生主体だった僕の介助者集団は、フルタイム勤務の常勤職員主体の組織へと成長し、この引き継ぎ問題はかなり改善されたと感じています。ほぼ決まった介助者が連日シフトに入るため、細かな引き継ぎを毎日のように時間をかけてする必要がなくなり、大きく負担が軽減されていきました。

しかし一方で、論文執筆支援をしてくれていた介助者がそれぞれの都合で東京を離れ、介助に入れなくなってしまうこともありました。僕がその介助者たちと長年積み重ねてきた共有知識は膨大で、ほかの介助者へ簡単に引き継げるものではありません。

そこで、スカイプなどのビデオ通話アプリを用いて遠隔地からでもサポートしてもらえる体制を思いつきました。東京にいる僕と遠隔地にいる介助者が、ビデオ通話で繋がるのです。遠隔地の介助者は、僕が発する少ない言葉から多くのことを汲み取って代弁してくれます。それにより、僕はいっしょにいる介助者へあれこれ説明する時間的な労力を省けます。〝コミュニケーションの労力をなるべく減らしたい〟僕にとって、たとえ物理的に介助に入れなくても、画面の向こうで僕の意図を代弁してくれる存在は、研究を継続するうえで必要不可欠でした。

また、僕は介助者に読み取ってもらいながら文章のアイディアを出し、下書きをつくり、その下書きをもとに遠隔地の介助者が僕といっしょに文章を膨らませて書いてくれます。そして、僕がその文章を再度読んで推敲《すいこう》するのです。その繰り返しを何重にも経て、僕の論文は完成します。

この連係プレイも長年サポートしてくれた介助者でなくては成立しないため、このような遠隔地からのサポートは、僕に新たな介助のあり方を教えてくれました。そして同時に、僕にとって〝With who〟が欠かせない概念であることを確信させてくれたエピソードでもあります。

介助者の配慮と僕の責任

これまで述べてきたように、僕は信頼できる介助者と「おまかせ介助」を実践したり、介助者の個性を見たりして、ともに何かをやることを大切にしています。一方、僕と介助者が協働で何かに取り組むとしても、その介助結果の責任はあくまで僕にある、と考えています。協働でおこなった結果としても、もともとの出発点は僕の意思にあり、介助者はその僕の意思の実現を主軸に動いているという前提があるからです。

このことについて、外出したときを例に説明したいと思います。街に出ると、僕は不随意運動があるせいで人とぶつかってしまうことがありますが、そんなとき介助者は、たいてい「すみません」と僕の代わりに謝ってくれます。いちいち僕に謝る意思を確認するのは少し違和感がありますし、「す」「み」「ま」……と読み取っているあいだに相手の人はいなくなってしまいます。そのため、介助者はほぼ反射的に「すみません」と謝ってくれるのです。

しかし、僕はそのたびに小さな疑問を感じてしまいます。「僕はどこに存在しているのだろう？」と。介助者が発した「すみません」のなかに、僕の責任や主体性は含まれているのだろうか……。

いや、これは介助者が自分の責任を取る意味で「すみません」と言っているわけではなく、すぐに「すみません」と意思表示できない僕への「合理的配慮」として代弁しているととらえるべき事象だろう……。

そんなことを、ぐるぐると考えることがあります。実際介助者に「なんで謝ったの？」と投げかけ、議論を深めるときもあります。

当然、僕は障がいが重度なゆえに介助者に判断を委ねる部分もあり（たとえば移動するとき、行き先や大まかなルートは指示しますが、車いすのハンドルやブレーキ操作は介助者がすべておこないます）、介助者にも一定の責任が発生するといえます。しかし、介助者に過失があっても、責任を負うのは主体である僕です。たとえば八割は僕、二割は介助者といったかたちです。場面によってその割合は変動しますが、基本的には僕の責任が大きいと考えています。

介助者は、まわりの人と僕のあいだにあるスピードの差異を埋めるため、また僕の指示出しの労力を軽減するために、先読みをしたり、自己の判断で動くことを「合理的配慮」として実践してくれます。僕もまたそういう介助を求めていますが、その介助者の先読みを前提とした介助に責任を持つのは、あくまで僕自身なのです。

当事者が介助の結果に対して介助者を一方的に責めるのは間違いで、自分の責任を振り返る必要があります。一方、介助者も「勝手な判断」で動くのではなく、あくまでその介助行為の出発点は当事者の意思であることのわきまえを持つ必要があります。「おまかせ介助」は決して「楽」でも「なんでもあり」でもないのです。

障がい者介助のこれから

僕は障がい者介助の世界で、これから「おまかせ介助」のニーズがより増えていくと思っています。なぜなら介助者手足論には限界があるからです。たとえば現在、医療的ケアの必要な方が在宅で介助サービスを利用するケースが増えていますが、命を守る介助をしていくには当事者の指示待ちばかりでは絶対に間に合いません。さらに僕のようにコミュニケーション介助が必要な人に限らず、障がいの程度がもう少し軽い方でも、介助者手足論では立ち行かない実態が明らかになってきています。

現在、僕が共同研究をおこなっている京都大学の油田優衣《ゆだゆい》氏は、「介助者手足論のような強い主体としての障がい者になれない自分に苦しんでいた」と言います。僕が「理想の研究者像」になれない自分に苦しんだのと同じように、油田氏も「誰が介助に入っても、変わらない自分でいたい。のに、なれない」と、「理想の障がい者像」と現実の自分とのギャップに悩んだそうです(天畠大輔・油田優衣「当事者研究の新たな可能性について」障害学会第一七回大会)。

渡邉琢氏も当事者の指示を確認することを基本としながら「そればっかりを言ってられない

状況」があると指摘しています。またALSなどの進行性難病を例にあげながら、「当事者の指示待ちだけでは到底介助は成り立たず、かかわっている人みんなでいろいろ意見や悩みを出しあいながらやっていかないといけない」とも述べています（渡邉琢「座談会　介助者の経験から見えること」）。これらは言い換えると、「自己決定」というものはどこからどこまでが当事者の意思である、と切りわけて考えることが決してできないことを意味しているのではないでしょうか。

CILなどが提供する介助も、市場原理が導入されている以上、実態のニーズにあったサービス提供がなければ淘汰されてしまうことが懸念されます。いま一度、障がい者介助のあり方は広く見直される必要があるでしょう。

しかし、僕は介助者手足論が不要だと言いたいわけではありません。なぜなら、先に述べた「責任問題」を考えるときに手足論は欠かせないからです。特に当事者は「おまかせ介助」だと開き直って、責任を介助者に押しつけることはできません。介助者手足論はひとつの考え方として理解し、個々の介助者との関係性のなかで、おまかせできるところはおまかせしていく。「介助者手足論」と「おまかせ介助」は、その二つのバランスを常に調整しながら、当事者が舵取《かじと》りをおこなっていくものだと思うのです。

「友だち以上介助者未満」の関係

もう一つ、僕が介助者との関係で基本としているのは「友だち以上介助者未満」の関係性です。

介助者　大さん、このオレオ(菓子)食べていいですか?
天　畠　いいよ~。

ある日の僕と介助者の一場面です。自宅の菓子棚にあるオレオを介助者が食べていいかと僕にたずねました。僕は、「利用者のお菓子を食べたいって、なかなか言わないよな~」と思いながらも、一方で、こういう会話ができる関係性をうれしく思うのです。いわば「オレオをわけあう関係性」です。

僕が心がけているのは、介助者を友だちの延長線上の「友だち以上介助者未満」とみなし、友だちにも近い介助者、というポジションに置くことです。単なる手足としての介助者だと、僕の気持ちを共有しにくく、やりたいことがスムーズにできない場合があります。また、あまり友だちのようになりすぎても、時間にルーズになるなど責任感が少なくなる危険性があるのです。

なので、僕は介助者と関係性を築くにあたって、「友だち以上介助者未満」という面を意識しています。ただの無味無臭な「契約関係」ではなく、義理人情を大事にすることで、お互いに一歩踏み込んで頑張ることができます。そのような「甘え／優しさ」の連鎖で僕の生活は成り立っているのです。僕はこのように介助者と友だちのような深い関係を築くことで、介助者を「交換不可能」なものにしている、ともいえます。

介助者は交換可能か

ＣＩＬをはじめ、現在障がい者介助の多くの世界では介助者が「交換可能」であることに価値を置いています。交換可能であるということは、介助者が休んだり、退職してしまうとき、代替要員を派遣することが容易となり、安定的に当事者に介助者を派遣できることを意味するからです。しかし、このような事業所から派遣されてくる介助者は、あくまで事業所の管理下にある介助者です。

しかし僕は、自分の介助者をみずからの事業所に所属させ、育てることで、自薦ヘルパーを実現しています。いわゆる僕専任の、オーダーメイドの介助者です。僕は、この自薦ヘルパーとの関係性を、お互いが友人どうしのように甘えられる関係のうえに成り立つ契約関係だと思っています。これが福祉サービスを使いながらも、「交換不可能」な介助者を生み出している背景です。

では、この関係性は具体的にはどういったものなのでしょうか。

それは、困ったときにお互いを支え合える関係性だと思っています。ケアされる側とする側という一方向の関係性では決してなく、ともに見返りを求め合い、尊敬し合える関係性です。この関係性は、無味無臭になりがちな契約関係では成立させるのがむずかしいでしょう。介助者が自発的にかかわろうとすることで、初めて成り立つのです。

ひとつ具体例を挙げると、僕は介助者の子どもをとても大切にします。僕はもともと子ども好きでもありますが、これは介助者に、「あなたの家族までをも大切にしている僕」というものを見てほしい、という意図があります。経験上、子どもとの関係も築くと、介助者との距離は必然的にぎゅっと縮まります。おそらく、介助者の大事なものを大事にしてあげることで、相手も僕にぐっと心を寄せてくれるからではないでしょうか。言い換えると、介助者とのあいだに〝親戚ともいえる疑似家族〟をつくっていくイメージです。これによって僕と介助者は、しだいにお互いが疲れない距離感を見つけ出し、心地よく、継続可能な関係性へと安定していきます。

しかし、その距離感を間違えると、互いに踏み込みすぎた関係性となり、本来背負わなくてもいいようなさまざまな面倒を背負い込むことになってしまう、というリスクもあります。また、この関係性は、介助者と仲よくなればなるほど、介助者なのか友だちなのか境目がわからなくなるため、公的サービスなどを使って介助者／友だちにお給料を払うことに、少なからず後ろめたさも感じてしまいます。

「大輔さん、本当にいいんですか？」

よいことばかりではありませんが、それでも僕は「友だち以上介助者未満」の関係を大事にしたいと考えています。ときには、僕に「NO！」と言ってくれる存在としての介助者でいてほしいからです。それは互いに深い信頼関係と、そんなことでは嫌われないという自信がなければできない、「大切な友だち」という要素を含んだ関係です。

先述したAさんは、論文執筆の介助時に僕に対して「大輔さん、その主張でいいんですか？」「大輔さん、それは違うんじゃないですか？」「大輔さん、本当にこの表現でいいんですか？」と、よく批判的なコメントを返してきました。僕はそのたびに内心苛立ちを覚えていました。僕は、介助者に相談したり、介助者の意見が聞きたくて自分の考えを投げかけるときもあります。しかし、常に議論をしたいわけではなく、自分がよいと思っているから、その主張を論文に書いてほしいと伝えているにもかかわらず、すべてを介助者のフィルターで却下されてしまうのはおかしいと思ったのです。しだいに僕はAさんの前では、「また否定されるのではないか」という恐怖心から、思ったことを発言することもできなくなっていきました。

しかし、僕の指示や考えにしばしば、「大輔さん、本当にいいんですか？」と苦言した彼のことを、心の底から倦厭《けんえん》しているわけではありません。彼は介助者のあり方を僕に考えさせてくれた大切な存在であり、心から感謝している相手です。

論文執筆時のAさんを例に出しましたが、二四時間介助の必要な僕は現在一四人の介助者とともに日常を生きています。論文執筆時以外にも、僕の指示に対して「大輔さん、本当にいいんですか？」と苦言する介助者も時折います。

でも、利用者にとって心地のよい時間だけを提供することが介助者のあるべき姿なのでしょうか。当然、社会は全員イエスマンではありませんし、社会が勝手にやってほしいことをすべてやってくれるわけではありません。もし仮に介助者が全員イエスマンだとしたら、利用者は

「裸の王様」になってしまわないでしょうか。僕自身、自分の心地よいところだけで甘えてはいないだろうかと悩むことがあります。

もしかしたら介助者は、「利用者」かつ「経営者」である僕に意見を言いにくい状況があるかもしれません。しかし、僕は介助者に、僕が間違っていると思ったときにはそこに釘を刺してほしい、と思っているのです。

組織としての介助者集団

ここまで、僕と介助者一対一の関係性について書いてきましたが、最後にチーム／組織としての介助者との関係についてまとめたいと思います。

以前、「天畠さんにとって〝よい介助者〟とはどんな人ですか？」と、質問されたことがありました。僕は、「介助者を組織としてとらえているので〝よい〟〝悪い〟はないと思っています。『今、パソコンの得意な人がいないな～』と思えば次の求人のとき、パソコンに強い人を採用したいと考えます」と答えました。今はこの考えに加えて、「この介助者にパソコンを得意になってもらえればいいのではないか」というように、今いる介助者の潜在能力を引き出すことも大切にしています。介助者には、僕の介助に入ったことをきっかけに、さらに何か成長してほしい、と考えていて、僕の興味関心にまきこみ、経験をいっしょに積むなかで、介助者を〝カスタマイズ〟していっているとも言えます。

繰り返しになりますが、僕は二四時間三六五日、日常生活も研究もすべて介助者によって支えられています。コミュニケーションに重度の障がいを持つために、自力で積極的に社会参加することはむずかしいのですが、介助者の通訳に頼りながら活動範囲を広げてきました。もしも活動範囲を広げることを諦め、一日中テレビを観る生活を送っていれば、介助者の通訳はあまり必要としません。最低限のコミュニケーションと、身体介助ができればよいのです。

しかし僕には、論文を書いたり、イベントを企画したり、活発に社会参加したい！　という気持ちが強くありました。それらを実現するには、どの介助者にこの企画にかかわってもらおうか、誰と誰にどの部分を任せようか……そんなマネジメントから僕のプロジェクトはスタートします。

自分の実現したい目標に向かって介助者の手を借りることが多い僕にとって、「誰と」そのプロジェクトに取り組むかという〝With who〟は、すでに書いたように、以前からとても重要なものでした。そして、僕のように障がいが重ければ重いほど、自分と介助者たち全体を組織として見立て、誰と誰でどのプロジェクトチームを組むか。誰にはどう動いてもらうか。誰に何を共有し、何を共有しないか。そうしたマネジメントもとても重要になってくるのです。

僕は今、自分と介助者で構成される組織全体として、いかに能力を発揮できるかということを中心に考えています。

以前の僕は、ずっと自分の内側の能力を高めること、認められることに躍起になっていました。しかし、介助者と協働するという関係性をつくること、維持していくことへの努力やプロセスそのものも能力である、と考えるようになってからは、僕の活動の幅やスピードは格段に上がっていきました。そして介助者も、より活き活きと仕事をしてくれているように見えるのは、僕の気のせいではないと思います。

「ともに創り上げていく」関係

一人ひとりの介助者との関係づくり、組織としての介助者との関係づくり。そのどちらも、僕にとっては終わりがありません。トライ&エラーの繰り返しです。不思議ですが、僕のまわりには個性の強い介助者が集まります。というよりも、最終的に残って長く介助を続けてくれるのは個性の強い介助者ばかりです。そんな個性的な彼らとのかかわりは楽しい反面、トラブルもあり、ときには煩わしく感じてしまうこともあります。

しかし、「発話困難な重度身体障がい者」である僕にとっては、さまざまな社会活動をおこなおうとするとき、信頼のおける介助者たちと「ともに創り上げていく」関係が不可欠なのです。

そして、僕と「ともに創り上げていく」介助者を育てるためには、当事者である僕自身が事業所を設立する必要がありました。次の章では、僕が事業所を設立するまでの経緯やその後の事業所運営について書いていきます。

コラム　自薦ヘルパー

重度訪問介護のコラムで触れた「自薦ヘルパー」について、もう少し解説したいと思います。

自薦ヘルパーとは、一般的にイメージされる介助者とは異なり、一人の当事者とその〝専属の介助者〟というような関係性になります（図2参照）。

一般的な介助者は、当事者が事業所単位で選択し、勤務シフトの作成やどの介助者を派遣するかは事業所が決める仕組みです。

しかし、自薦ヘルパーの場合は、勤務シフトの作成などは当事者が直接介助者と連絡をとっておこなうため、当事者は自分の予定を比較的自由に組み立てやすくなるのです。また、自分の専属の介助者として、自分に合ったケアを受けやすくなるというメリットがあります。

一方で、介助者の指導や育成は当事者の責任でおこない、シフトに穴が開いてしまったときなどは、自分で代わりの介助者を探さなければならず、負担が大きい点はデメリットといえるでしょう。

重度訪問介護の利用者は、一般的な、事業所から派遣されるヘルパーを利用している方がほとんどですが、希望すれば自薦ヘルパーを利用して自立生活を組み立てることもできます。

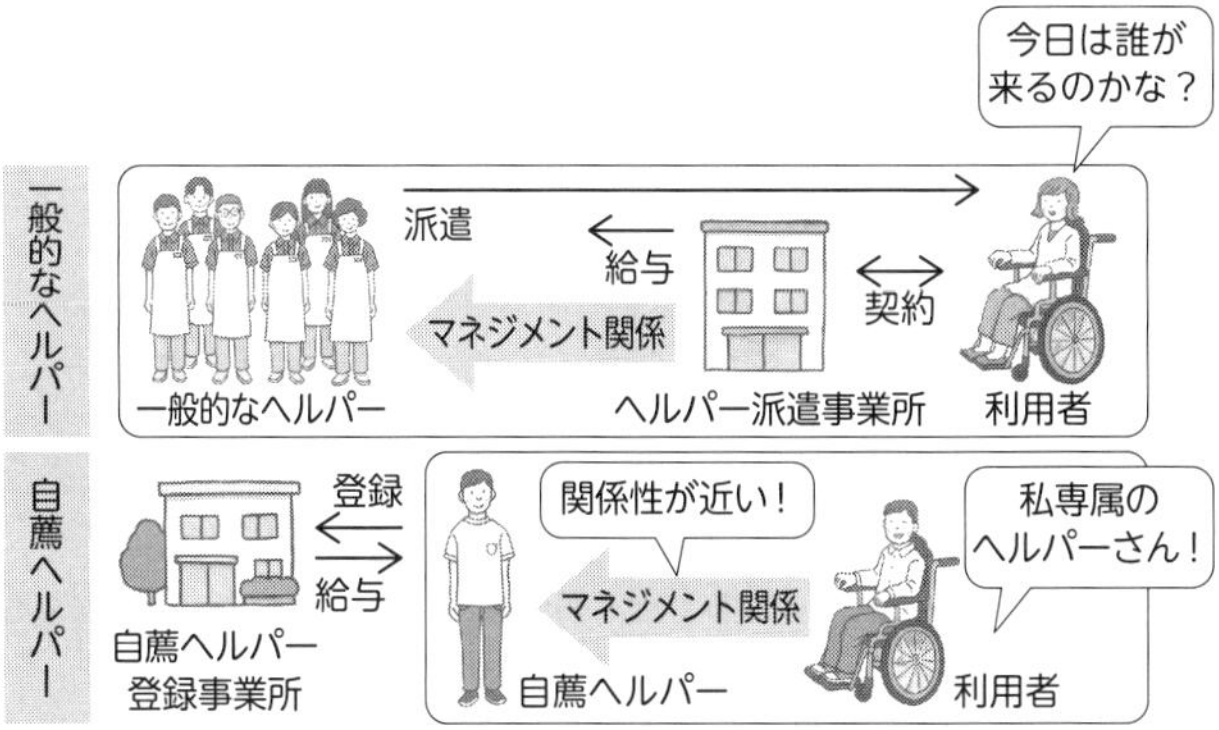

図２　自薦ヘルパーと一般的なヘルパーの違い

この自薦ヘルパーは、僕にとって自立生活を切り拓くうえで欠かせないものでした。公的介助制度のなかで、当事者が自分で介助者を選べる自薦ヘルパーという仕組みが設けられたのも、重度障がいを持つ先人たちの運動による成果でした。この運動を語るのに特に欠かせない人物が、新田勲《にったいさお》氏です。

新田氏は、一九七〇年代から、府中療育センターの抑圧的な管理体制に異議を申し立て、現場の声を聞かずに強制的におこなわれる年三回の人事異動に対して「手足をもぎとられるよう」と、同じ在所者三名とともにハンガーストライキをおこないました。こうしたセンター全体の体制改善要求だけでなく、同時に職員の腰痛問題の解決にも取り組むなど、障がい者を支える職員との連帯を求めた側面がありました。彼はその後、施設を出て地域生活を開始し、介助保障を求める「公的介護保障要求運動」を展開してきた中心人物です（本当は新田〝師〟

とお呼びしたいくらい、尊敬している方です)。

僕と同じように発話が困難であり、介助者が習得に時間を要する「足文字」というコミュニケーションをとっていたため、継続して長くかかわってくれる介助者の存在は必要不可欠でした。そのため、彼はお互いの生活を看合う(見合う)ような関係=濃密な人間関係を志向しており、仕事として割り切ることのできないような介助関係を築いていこうとしました。

ここで、新田氏の介助を一五年務めた大坪寧樹《おおつぼやすき》氏のエピソードを紹介します。

風邪気味の大坪氏が介助に入ると、新田氏は寒い冬の日に黙って外に出たそうです。電動車いすで進む彼の後ろを自転車でついていくと、行った先には病院が。「診てもらってきなよ」と伝え、彼は受診が終わるまで、外から大坪氏を見守っていたそうです。その日の病院の待合室は満員で、車いすは場所を取るから、と寒空の下、数時間待っていたという新田氏。これはほんの一例だそうですが、彼はこのように、介助者と当事者が互いを大切にし合い、必要とし必要とされる関係性を重視し、その信念のうえに障がい者運動を展開してきました。

公的介護保障要求運動には、介助者の生活を保障するため、という意味合いも大きかったのです。新田氏は、当時の施設職員の時給と同等の時給七〇〇円を二四時間利用できる計算で、月五〇万円の介護料を都に要求していました。月五〇万円と聞くと金額が大きく、驚かれる方もいらっしゃるかもしれません。しかしこれは決して彼が自分で使うためではなく、当時無償のボランティアで生活を支えてくれていた介助者たちの生活を保障するために介護料を要求していたのです(新田氏の一連の運動の詳細は、新田勲『足文字は叫ぶ！』、深田耕一郎『福祉と贈与』を参照)。

新田氏の事例にあるように、障がいが重度であればあるほど、自分の障がいを深く理解し、ともに歩んでくれる介助者の存在は大きくなります。自薦ヘルパーは、このような重度障がい者の願いを実現させてくれる可能性を持つ仕組みです。

一方で、介助者を自分で集めなければならない、介助者との関係が悪くなったときも仲裁を頼める事業所がないため自分でなんとかしなければならないなど、当事者が苦労する点も数多くあります。つまり誰でも自薦ヘルパーを利用できるわけではなく、マネジメントスキルや、思いを共有し、親身に動いてくれるキーパーソンの存在が非常に重要になってきます。

自分の介助内容を伝え、安心して過ごせるまでに介助者を育てるのは、心身ともにとても消《しょう》耗《もう》する作業です。それでも、僕は新しい自分の介助者を雇用するとき、「この人は、〝金の卵〟かもしれない」と思って、わくわくします。

障がい者介助の現場では、他の業界で力を発揮できなかったという人が介助の仕事に就く、ということが少なくありません。僕はそんな一人ひとりの抱えている背景までを含めて、長所短所を深くみるようにしています。そのうえで、じっくり長く付き合っていこうと。偉そうに聞こえてしまうかもしれませんが、僕の介助を通じて彼らが活き活きと活動している姿を見られたとき、僕は「介助者育て」がとても楽しいものだと感じるのです。そして実際に、転職四回目の彼や、売れない芸人の彼、一〇年以上の引きこもり経験を持つ彼に、生きにくさを抱えながらシングルマザーとして働く彼女……、とてもユニークな面々が特技や個性を活かして僕の生活や活動を支えてくれています。

7章　当事者事業所の設立

事業所をつくりたい

前に述べたように、僕は卒論の執筆に時間を費やしたため、卒業を半年間遅らせ、二〇〇八年九月に大学を卒業しました。そして卒論執筆を機に、僕は複雑で専門的な通訳に対応できる介助者の必要性を実感します。

さらに、それまで学生中心だった介助体制に限界を感じていました。毎年春になると慣れた介助者が卒業と同時に辞めていき、また新しい介助者を集めて育てるという繰り返しに悩んでいたのです。そのため、親に代わってキーパーソンになるような常勤介助者が必要であると考え始めていました。確実に年を重ねる両親を見ていて、「親亡き後」を真剣に考えるようになっていったのです。

また、僕は「研究者」になることを夢見て大学院進学を考えていました。その背景には全盲ろうという障がいがありながら、東京大学で教鞭をとる福島智《ふくしまさとし》教授の存在が大きくあります。さかのぼれば、養護学校高等部三年の、小論文の補習を受けていたときのことです。補習の課題を通して、重度重複障がい者で初の助教授(金沢大学)になった福島先生のことを初めて知り、大学進学への道で挫けそうになっていた僕に、「努力すれば大学進学も夢ではない」と自信を与えてくださったのを今も覚えています。

そして、大学卒業を間近に控えたころ、進路に迷っていた僕はついに先生に直接お会いし、相談する機会を得ることができました。先生は当時、東京大学先端科学技術研究センターで准教授として活躍されていました。

そんな先生から「私は盲ろうという障がいを抱えて、情報のインプットに大変な苦労がありますが、天畠さんは情報のアウトプットに苦労されている方なのだという印象を持ちました。天畠さんが「健常者」とはまったく違った極限状態で毎日を生きているという点について、私は大変関心を持っているのです」と言っていただきました。目が見えず、耳も聞こえない先生が、どうやって僕のコミュニケーション方法を把握されたのかという点と、それだけでなく、「即時性が大きな課題である」と、「健常者」のコミュニケーションとの違いを的確に言語化してくれた点に僕は大変驚きました。

このように先生がアカデミックな言語で僕のコミュニケーションについて語ってくださったことは、大きな発見と刺激をもたらし、「障がい者のコミュニケーション」について研究したい！　という気持ちが沸々と湧いてきました。そして福島先生のもとで研究したい、という思いも持ちましたが、先生の研究室に入るためには修士号を取得している必要があり、別の大学院を探すことにしたのです。

しかし、僕のような重度障がいのある学生を受け入れてくれる大学院はなかなか見つからず、大学卒業後は何も所属のない期間が半年間ありました。そのあいだ、僕は、社会からの隔絶や関係性からの排除に対する恐怖心に押しつぶされそうで、とにかく、「社会と繋がらなければ」「自分から情報にアクセスしていかなければ」という思いから、二〇〇九年四月にルーテル学院大学総合人間学部臨床心理学科の三年次に編入学しました。しかし、編入後も将来についての苦悩は終わりません。障がいの重さから仕事の糧となるような資格が取れず、就職するにしても働く場所が限られることを自覚していたからです。

そんな折、大学入学時からお世話になっていた障がい当事者の先輩から「事業所をつくって、あなた自身で介助者を育てればいいのよ」というアドバイスがあり、さらに「天畠君はいい介助者を育てると思うよ」とも言っていただき、とても大きな励みとなりました。

そして僕は、みずから介助者派遣事業所を立ち上げ、運営することを心に決めたのです。

事業所設立の理由

僕が主体となった事業所運営をすることには、以下の理由がありました。

第一に、僕はコミュニケーション介助をはじめ、身体介助の個別性がかなり高く、ほかの事業所から派遣されてくる一般的な介助者では、僕の介助への対応が困難だったからです。そのため僕は、どのような介助者を雇用するか、自分で決めたいという思いがあり、当事者と事業所の関係が緊密になる仕組みを考えるようになりました。

以前は、ほかの事業所に入浴介助だけを頼むことがありました。当時は、自薦ヘルパーだと男性介助者を確保することがむずかしかったためです。しかし、短時間のみの介助ではコミュニケーション訓練も満足にできないため、お互いにやりにくい状態が続きました。このような状況下では、入浴などの基本的な介助しか頼むことができず、ほかの活動は妥協せざるをえません。したがって当事者、介助者、事業所の三者が密接な連携を取れる新たな関係、つまり事業所方式で介助者を育てる方法を構築する必要があったのです。

第二に、当時の自薦ヘルパーでは、人の管理を僕個人でおこなわなければならず、負担でした。もちろん、自薦ヘルパーは慣れ親しんだ介助者を自分専属で利用できるという大きなメリットがあります。しかし、コミュニケーションのアウトプットに介助を要する僕のような重度障がい者にとっては、それ以上に介助者の調整コストがかかりすぎたのです。ここでいう調整コストとは、新人介助者を教育すること、シフト調整、急な事情によるシフトの変更や引き継ぎの調整など、あらゆる連絡調整にかかる時間や労力を指します。ある重度障がい者の方は、自薦ヘルパーのシフト調整などで、一日の大部分が費やされてしまうことに悩んでいました。

第三に、僕が学生のときは、学生のコミュニティに入り込んでいくための効率的な方法として、大学の友人たちに介助を依頼する体制を組んでいました。そして、学生どうしで勧誘してもらうかたちで、介助者のリクルートをおこなっていたのです。しかし、学生は学業を優先するため、安定してシフトに入れないという問題があり、学生どうしの繋がりだけで介助者を安定的に確保することに限界を感じていました。さらに、学生は大学を卒業すると介助現場を離れてしまうため、また一から介助者を育てなければならず、この繰り返しに僕は大きな喪失感を抱いていたのです。

前の章でも引用した前田氏は、類似の経験を「慣れ親しんだ介助者が抜け、一度リセットされた状態から、再びやり直さねばならない。それは想像しただけで気が滅入るようなしんどさであるだろう」と指摘しています（前田拓也『介助現場の社会学』）。このように利用者と深い共有知識を持った介助者が抜けることは、特に重度障がい者の介助体制において通底する問題点です。したがって常勤職員を雇用することで、介助者を安定的に確保する必要がありました。

第四に、活動資金を確保する意味合いがありました。僕は自分の経験を活かして、ほかの重度障がいを持つ方の相談支援をおこないたい、と考えていて、そのための活動資金を工面する必要があったのです。ある程度自由に使える活動資金があれば、「必要なときにすぐ動ける」態勢をつくれます。また僕の場合、遠隔地からオンラインでサポートしてくれるスタッフへの給与など、公費では賄えない介助に対する人件費の確保も必要なことでした。

第五に、事業所を設立して複数人の介助者を雇用することで、地域に雇用の受け皿を創出することができ、それが地域貢献になると考えたからでした。一般就労がむずかしいとされる重度障がい者でも、事業所を設立することで、地域に価値を創出することができる……、自分がそれを実際に体現し、そのような仕組みを全国に広げていきたいという思いもありました。

このように、事業所の設立や運営をしていく動機の背景には、僕のコミュニケーション拡大の問題と、活動の幅を広げるための苦心があったのです。これは事業所という場が、僕にとっての生活の場であり、活動の拠点でもあることを物語っています。

事業所を設立する

しかし、事業所を実際に運営するには、まず立ち上げの段階から高いハードルがありました。それは、僕の右腕になっていっしょに事業所を立ち上げる仲間を探すことでした。当時、最も信頼し「いっしょに事業所を立ち上げたい」と思える介助者がいたのですが、彼は自分の夢を追いかけ、大学卒業とともに地方で就職してしまいました。

互いに信頼できる関係を築き、あくまで当事者である僕を主体に考えられる、そしてずっといっしょにやっていく覚悟を持ってくれる仲間……。そんな人はすぐに現れるわけもなく、僕の場合コミュニケーション介助が必要な分、阿吽《あうん》の呼吸をとれるようになるまではとても長い時間がかかります。それを考えたとき、僕には介助者を探し、右腕に育てるまで事業所設立を先延ばしにする時間はありませんでした。

僕は父に、仕事を辞めて、僕といっしょに事業所をやってほしいと懇願しました。しかし、家族経営はやめたほうがよいと、父は当初、僕の要請を拒否。父はコピーライターの仕事を生きがいにしており、定年退職後はフリーのコピーライターを続けるという夢も持っていました。僕はそれもわかっていましたが、それでも父に頼むしか、そのときは道がなかったのです。それが叶わなければ、近い将来、親が介護できなくなったとき、僕には施設入所しか道がなくなってしまうからです。

何度も話し合い、結果的に父は早期退職をして「介護福祉士」の資格を取るために専門学校に二年間通う、という選択をしてくれました。そして、二〇〇九年四月、僕の臨床心理学科への編入学と同時に、父は専門学校に入学しました。

大学院へ進学する

事業所設立の準備と並行し、僕は大学院入学という目標に向けても活動を続けていました。大学に通いながら、僕はほかの大学のシンポジウムやセミナーに足を運び、そこで出会った方々に積極的に声をかけ、相談し、大学院進学への道を模索していました。

事業所開設、大学院進学、どちらも準備をしていましたが、常についてまわったのは介助者の問題です。慣れない介助者には、僕の言いたいことを読み取ってもらうのに、ものすごい労力を要します。結局は伝わらない、お互いに疲れ切ってコミュニケーションが途絶えてしまう、ということも少なくありません。事業所も大学院も僕の人生を賭けて取り組んでいるプロジェクトで、この熱量についてきてもらうには、大前提として「慣れた介助者」であることが不可欠でした。慣れた介助者がいないことで、やりたいことを諦めなくてはいけない……頭のなかはこんなにいろんな考えが巡っているのに、伝わらない……そんなことが頻繁に起こっていました。

しかし、ふと、「慣れた介助者」とはなんだろう？　と考えるようになりました。介助者の育成に日々あくせくしているけれども、介助者の何を育てているのだろうか？　どうしたら、日々介助者を育てることばかりに注力する生活が落ち着き、自分のやりたいことに労力を割けるだろうか？　僕以外の発話困難な重度身体障がいの人は、どうやって介助者を育てているのだろうか？

それまで漠然と「障がい者とコミュニケーション」について研究したい、と思っていたことは、「介助者の専門性」について研究したいという気持ちが根底にあることが自分のなかで明確になってきました。そのことが、僕の最大の課題である「コミュニケーションの即時性」の大きな鍵を握っていると考えたからです。

そんなななか、立命館大学の立岩真也教授の著書で「障害学」という学問を知りました。そして、当時立命館大学大学院先端総合学術研究科で研究されていた川口有美子氏と障害学会で共同発表をする機会も得たのです。

ＡＬＳの研究をしながら、介護事業所の運営や、医療的ケアの必要な方の在宅療養を支援する、ＮＰＯ法人ＡＬＳ／ＭＮＤサポートセンターさくら会の理事を務める川口氏には、僕の研究計画や事業所開設についてよく相談にのっていただきました。いうなれば、僕にとって「頼れる姉」のような存在です。

障害学会当日、川口氏が同席して立岩先生との直接面談が叶いました。そして僕の考える研究イメージについて伝えると、立岩先生には「（東京と京都では距離があるけれど）スカイプなどを使ってゆっくり考えをまとめたらいいんじゃない」と言っていただいたのです。

こうして、僕は大学院進学と研究の道が少しずつ具体的に見通せるようになっていきました。立岩先生とお会いしてからは、立命館大学大学院の入試に向けて準備に没頭し、二〇一〇年春、念願の大学院入学を果たしました。

「親亡き後」を考える

事業所設立の話に戻ります。二〇一一年三月には父が専門学校を卒業して、介護福祉士の資格を取得しました。同年八月、ついに父と僕は介助者派遣事業所を設立し、僕は同事業所から派遣される介助者を利用し始めたのです。それまで自薦ヘルパーだった介助者たちは、新しい事業所の登録ヘルパーとして僕の介助に入るようになりました。

事業所では父が「サービス提供責任者」（後述します）となり、事業所開設の約半年後には学生のときからの介助者を一名、常勤スタッフとして雇用し始めました。それまで自薦ヘルパーのときに僕にのしかかっていた介助者の育成やシフト調整の負担は、（もちろん、それまで通り僕自身もかかわりましたが）大きく減りました。負担が軽減されたと感じたのにはもう一つ、常勤の介助者がいてくれることで、引き継ぎに躍起にならずにすむようになったことも大きく影響しています。つまり、昨日までの進捗状況を知っている人が今日もいてくれる、僕が今日の作業内容を日替わりの介助者に逐一説明しなくてもよくなった、というのは非常に大きな変化でした。

求人方法も変わりました。僕は自力で介助者を確保することに限界を感じていたため、事業所のオープンに先駆けて二〇一一年二月より一般の求人誌に求人広告を掲載しました。不定期の学生スタッフだけでなく、長期間安定的に働ける社会人や主婦からの応募を考えてのものでした。そして、実際に長期間安定して働ける主婦や、仕事の空いている日に働ける社会人の応募があり、そのなかには、大学院での授業・研究の補助が可能な素地を備えている大学院卒の人もいたのです。

大学院では、大学のように受講するというインプットの「学び」よりも、自分で考え、調べ、言葉にしていくアウトプットが「学び」のメインになります。言葉がどんどん専門的になっていき、共有知識のない介助者には単語の読み取りですら、非常にむずかしいものになっていきました。さらにその介助者が前後の文脈を知らなければ、ちぐはぐな文章になり、論文の体裁を整えるのもとても非効率な作業になってしまいます。

そうした状況もあり、僕はこれまで以上に数年で変わってしまう学生のような介助者ではなく、僕と共有知識を積み重ね、安定して介助に入れる人材を求めるようになっていったのです。

また、研究の側面以外でも僕は学生主体の体制を変える必要性を感じていました。それは、「親亡き後の自立生活」を考えるうえで喫緊《きっきん》の課題でした。自立生活の一番の鍵を握るのは、「介助者との関係の深化」だと考えていました。自由に動けず、見えず、話せない僕が他人である介助者との自立生活を成り立たせるためには、介助者との深い信頼関係が必要です。

しかし、学生主体では、長期的な勤務がどうしてもむずかしくなってしまうことと、強い責任感を求めることに限界がありました。また、親が近くにいる環境では、どうしても親が前に出てしまう場面が多くなります。僕がしたいことと親の意見が異なる場合、介助者は親の意見も無視するわけにはいかず、親と利用者である僕のあいだで介助者が板挟みになってしまう、ということは少なくありませんでした。そんなときに僕の通訳をする介助者は、とてもストレスの高い状況だったと思います。そうしたなかで、常勤スタッフや慣れた介助者が次々に辞めていく状況に陥ることになったのです。

僕は実家を離れて一人暮らしをすることと、独立して自分の事業所を立ち上げることを具体的に考えるようになっていきました。将来、親がいなくなった後も地域生活を続けられるようにと、父と事業所を立ち上げたのですが、蓋を開けてみたら、僕の「依存」のウェイトは母から父に移行しただけでした。

もちろん、感謝の気持ちは一言では語り尽くせないほどありました。自分のことよりも僕の介護を優先してくれた両親の存在がなければ、僕は今こうして夢や目標を持って生きていくことは絶対に不可能だったからです。しかしこのままでは、家族に「依存」し続ける構図は変わらず、親がいなくなったあと、やはり僕には施設に入るしか道が残らないと危機感を抱いていました。親が倒れてからでは遅い、今のうちから親抜きの生活を成立させないと、という思いが僕を鼓舞しました。施設に行かないためには、今独立するしかない。そう思いました。

そして、さらにいくつかの理由が、この覚悟を後押ししたのです。

一つ目は次章で詳しく書きますが、自分の障がいはもう治らず、この身体と付き合っていかなくてはならないという事実です。「リハビリをすればよくなる」と考えていた時期は、親のサポートのもとでリハビリをしていく必要がありました。しかし身体機能の回復がこれ以上望めないとわかったことで、今の身体機能を維持しながら親に頼らず生活していく踏ん切りをつけることができました。

二つ目は、親から離れなければ「サービス提供責任者」を担える介助者の育成はむずかしいという点です。サービス提供責任者とは、介護福祉士などの専門資格を有し、利用者と介助者のあいだを繋ぎ、介助サービスの計画を立てる重要な役割を担う存在です。重度訪問介護などの介助者派遣事業では、一人の利用者に対して事業所ごとに必ず一人つきます。僕のめざしていた当事者事業所（後述します）では、サービス提供責任者は当事者の右腕のような存在になるべきだと考えていました。しかし、当時は父がサービス提供責任者で、事業所を設立して約六年が経過しても、僕の日常生活の全体像を把握していたのは親と常勤スタッフの一名のみでした。右腕となるような介助者たちを育てるには親元を離れるしかない、という思いが僕のなかで徐々に固まっていったのです。

また、決定的だったのは、これも次章で触れる、当時結婚を視野に付き合っていた彼女との別れでした。「家族への「依存」からもっと早くに抜け出していれば、別れずにすんだかもしれない」、そんな後悔が僕を奮起させました。

一人で暮らせる家をさがす

当時、両親と僕は二世帯型住宅に住んでいました。二階が両親の居住スペース、一階が僕の居住スペースと廊下を隔てて事業所があるつくりでした。二世帯型住宅とはいえ、昼も夜も基本的に両親と距離の近い生活環境です。そのため、僕はまず一人暮らしをすることが第一歩だと考えていました。実家からあまり距離が離れすぎない場所で、大家さんが車いすでの入居や多少の改修を許可してくれる、この条件にあてはまる物件はなかなか見つかりませんでした。また、僕自身の外出バリアーを軽減する意味もありますが、介助者が無理なく通える場所であることも必須条件。そのため駅から徒歩圏内の家を探し、結局三〇軒以上内見をして、ようやく住める家が見つかったのです。

僕は幸運にも、理解ある不動産屋さんと大家さんに巡り会うことができました(さらにそれが、予算内に収まる改築規模と家賃の物件であったことは、ほぼ奇跡に近く、恵まれていました)。そうしてなんとか住める家が見つかったのですが、それでも、エレベーターが大変狭く、介助者の研修では「エレベーターに僕をきちんと納める方法」という特別プログラムが必要なほどでした。

今も、障がい当事者が家探しに苦労するという話はよく耳にします。特に、「障がい者の一人暮らし」は不動産屋さんでの門前払いにあうことが本当に多いのです。日本賃貸住宅管理協会が管理会社に対して実施したアンケート調査結果では、障がい者のいる世帯の入居に「拒否感がある」と回答した賃貸人の割合が七四・二%にものぼります(二〇一五年調査)。車いすの場合は傷がつきやすい、火災が心配……。大家さんの主張は理解できなくもありません。それでも門前払いはせずに、まずは話を聞くことをお願いしたいと思います。

ある不動産屋さんが教えてくれたのは、障がい者に物件を貸すのは実はメリットも多いという話です。たとえば、車いすの方であれば、自分でバリアフリーに改築することも多く、その方が退居したあとも、バリアフリー設備は物件の付加価値として残ります。また、障がい者は簡単には引っ越せないので、一度入ると長期にわたって契約更新する傾向にあることも、もっと広く不動産業界に知られてほしい情報です。

介助者とやることがない

さて、両親には頼らないと決めていたため、友人に保証人をお願いするかたちで、二〇一五年秋に僕は一人暮らしを始めました。

それからは、日中は事業所に通い、夜は自宅アパートに帰るという生活パターンになりました。月並みな感想ですが、「家事ってこんなに大変なんだ……」と心から思ったものです。それまで介助者には基本的に僕の身の回りの介助に専念してもらい、家事など住環境に関するメンテナンスのほとんどは親が担ってくれていました。しかし、一人暮らしをしてからはそういきません。介助者との時間を食事、風呂、トイレ、勉強だけに使うわけにはいかず、掃除、洗濯、調理、整理整頓……そうしたことにも指示を出して介助の時間を割くために、本当にやりたいことの時間を大きく削らなければなりませんでした。

たとえば、タオルの畳み方ひとつを取っても、介助者それぞれで違います。放っておいても母がきれいにタオルを整頓しておいてくれる実家とは違って、介助者一人ひとりに統一した畳み方を伝えなくてはいけません。「洗濯して」という指示であっても、色物は分ける、この服はネットに入れて洗ってほしい、これは漂白剤につけて洗ってほしい、など細かな指示まで伝えて、初めて自分の実現したい暮らし像に近づきます。しかし、発話困難な僕にとってそれはあまりに重労働でした。

また、最初からすべてを僕と介助者だけで賄うのはむずかしく、初めのころは母が毎日のように食事を持ってきてくれました。先ほどの洗濯の仕方についても、母が気づいたときに介助者に伝えてくれていました。

家に来るたび「ここはこうしたほうがいい」「なんでこんなやり方してるの」と何度も繰り返す母に対して、「もうお帰りください」と言ったものですが、そんな母の存在がなければ、僕の一人暮らしは安定していかなかったと思います。僕のように意思疎通がスムーズにいかない重度障がいがある場合、一人暮らしには移行期間が必要で、それを実家の近くで試すことは不可欠ではないでしょうか。

料理についても、母の〝配給〟頼みから徐々に移行していきました。夜勤の介助者の一人が、調理が得意とわかり、彼が夜勤のときに作り置きをしてもらうようになりました。僕の好きな食べ物の一つが坦々麺ですが、「究極の坦々麺をつくろう！」と彼と本気で研究したこともあります。専門的な調味料を買い集め、ブランド牛をミンチにするところから調理を開始し、その実験結果は……。コンビニの冷凍坦々麺が最高である、という結論に現在行き着いています。毎食にたくさん作り置きしておいた野菜炒めを毎日食べ続ける、なんてこともありました。毎食に時間をかけることはできませんが、やはり僕にとって「食」を楽しむことは、生活に欠かせない要素です。

苦労が多くとも、そんな紆余曲折《うよきょくせつ》も楽しい一人暮らしではありましたが、生活が落ち着いてくると、突如孤独感に襲われることが出てきました。事業所を出て夜アパートに帰ったとき、自宅で介助者と二人きり、ルーティンの生活介助をしてもらう以外に、「介助者とやることがない問題」に直面したのです。ちょうどその時期は大学院に在籍し、博論の執筆に忙しいはずでしたが、研究に行き詰まり、論文を書くことができなくなっていたため、何もやることがありませんでした。

介助者は呼吸の安全を見守るために、常に僕の近くにいてくれるのですが、そこに漂う互いに手持ち無沙汰な雰囲気……。このとき僕は、介助者とのきまずさとともに、この仕事が退屈だと思った介助者が辞めていってしまうのではないか、という恐怖も感じていました(障がい者が施設や親元を離れ地域で一人暮らしを始めたあと、それまで隠されてきたさまざまな課題が浮き彫りになる事例が指摘されるようになってきています。詳しくは渡邉琢「自立生活、その後の不自由」を参照)。

この一人暮らしの孤独感や、介助者に仕事が退屈だと感じさせないためには何が必要か、僕は考えました。その答えが、「事業所運営を介助者といっしょにおこなう」ということ。介助者と協力しながら、事業所運営をすることで、介助者も仕事にやりがいを持つことができ、本当の意味での「チーム感」がつくれるのではと思ったのです。

また、そのほかにも理由がありました。「介助者とやることがない」という悩みの背景には、「その日をどう過ごそうか」と考えなければならないということがあります。しかし、介助者と事業所運営をすることで、その日暮らし的な時間の過ごし方ではなく、共通の目標達成のための時間の過ごし方となり、張りが生まれ、それは「毎日やることがある」という〝生きがい〟にも繋がるのではと僕には思えたのです。

このように、介助者と事業所運営をしていこうと決意したものの、現実は父に運営を頼りきっている状況で、介助者が携わる余地はありませんでした。父と共同運営とはいえ、父がいなければ運営に関する仕事が進められなかったのです。つまり、僕には裁量がほとんどなく、その分、事業所のマネジメントや責任のほぼすべては父が担っている状況でした。

家事にしても、事業所にしても、親のお膳立ての上に僕は生きてきたのだと、強く思い知らされ、改めてこのままではいけないと決心したことを覚えています。

こうしたいきさつで、一人暮らしの生活が安定してきた二〇一七年八月に、僕が代表取締役となる「株式会社 Dai-job high」を設立したのです。

当事者事業所の運営

「Dai-job high」を設立後、その年の一〇月には重度訪問介護事業所の運営を開始しました。

それは、僕がずっとやりたかった「当事者事業所」のかたちでした。当事者事業所とは、当事者が主体となって運営し、重度訪問介護などを利用して、みずからを含めた障がい当事者に介助者派遣事業をおこなう事業所を指します。

当事者が主体となる事業所としてはＣＩＬが先駆けですが、ＣＩＬは複数人の理事からなる組織のため、理事たちの合意を得なければ運営上の決定ができません。しかし、当事者事業所であればその当事者がすべての責任を負う一方で、スピーディーに自分の裁量で運営をすることができます。また、事業所で得た利益の余剰金《よじょうきん》は、今後の事業所の運営資金への投資や、非営利目的の事業などへの資金に役立てられます。

当事者事業所を運営するメリットは、それだけではありません。当事者が自分自身で事業所を運営し、介助者をマネジメントすることで、介助者の人生を支える責任が生じ、自分と介助者がともに支え合っているという実感が、当事者の生きがいに繋がるのです。僕はこのようなやり方は、当事者をエンパワメントする今までにない方法だと確信しています。

このことを証明する事例として、僕が支援をした富山県のＡＬＳ患者、村下秀則氏の話をしたいと思います。

彼は三〇代でＡＬＳを発症し、悲嘆に暮れていました。しかし、自薦ヘルパーや当事者事業所のことを知り、自分の介助者をみずから雇用することで、病気が進行して気管切開をしても、「生ききる」という意志を持つようになりました。介助者の人生を支える責任が生じ、自分と介助者がともに命を看合っている(見合っている)という実感。それが彼の生きるエネルギーとなったのだと思います(彼の話については次章でまた詳しく触れます)。

大学院での研究

当事者事業所を設立したころ、大学院に入ってすでに七年が経過していましたが、介助者たちと博論の執筆も続けていました。

論文を書くことにこだわっていたのは、他者と協働して考え、言語化するあり方の合理性を、社会に主張したいという思いがあったからです。僕は論文執筆を支援してくれる介助者たちとチーム一丸になって、博論の提出をめざしていました。そこには、前の章でも述べた、遠隔地からサポートしてくれるスタッフたちもいました。このようなチームによる「論文執筆」は、強いジレンマを生み出す要因ともなりましたが、「チームでなら僕のように重度障がいを持っていても論文を書けるんだ」ということを気づかせてもくれたのです。

さらに、当事者事業所の運営と博論の執筆には共通点がありました。それは、僕が意図的に介助者たちとチームを組織することで、重度障がい者には一見困難に思える運営や研究を実行できる点です。

この本を書くにあたっても、複数の介助者がかかわっています。僕のライフストーリーをよく知る介助者を意図的に選び、この本を完成させるためのチームを組織しました。こうした「チームによる協働作業」というあり方は、事業所運営と研究活動を通して培われたものです。

この二つをうまく両立することがむずかしい時期もありましたが、事業所運営をいっしょにおこなう介助者と論文執筆を担当する介助者を明確に分け、別々にチームをつくることで両立が可能となりました。そもそも博論を完成させるためには、介助者のシフト調整が不可欠であり、事業所の運営がうまくいっていなければ成り立ちません。また、研究することで介助者の専門性や自身のコミュニケーションの仕組みについて自分のなかで整理され、それが事業所運営での介助者の育成にも生かされていることに気がつきました。

このように僕は、当事者事業所の運営と、大学院での研究が、互いに重なり合う両輪の関係になっているということを実感したのです。もともと「異なる二つのプロジェクト」だったそれらがやがて合流し、事業所運営そのものが研究の一環であり、また研究の成果は事業所運営に還元される、という循環が起こっていました。

二つのプロジェクトが循環

こうして当事者事業所を運営しながら、ついに博論を完成させ、審査を経て二〇一九年三月に博士号を取得しました。そして、同年四月からは日本学術振興会特別研究員(PD)として、中央大学の天田城介《あまたじょうすけ》教授のもとで研究を続けています。

現在の問題意識として「僕を含めた「発話困難な重度身体障がい者」が、当事者事業所を運営しながらどうやって介助者を育てていくのか」という点があります。事業所運営を研究のためのフィールドワークとして位置づけ(もちろん研究のためだけに事業所を運営しているわけではありませんが)、そこで培ったノウハウや課題を研究論文としてまとめ、その研究成果を社会に発信することをめざしています。

そして二〇二〇年三月、僕は活動のプラットフォームとなる組織をあらたにつくりました。それは、ずっとやりたかった「自分の経験やノウハウを他者の支援に生かす」ことのできる場です。それ以前も個人や事業所として、ほかの重度障がいを持つ方の相談支援をおこなってお り、それは大きな生きがいになっていました。しかし、個人で対応できる限界や、活動資金の問題、株式会社のイチ事業としての継続困難さという課題にぶつかったのです。

そこで、同じ志を持つ仲間たちといっしょに「一般社団法人わをん」を設立しました。主に「重度障がい者と介助者を取り巻く困りごとを解決する」ことを目的に、当事者事業所設立・

運営を含む相談支援、介助に入るために必要な資格である重度訪問介護従業者養成研修事業の実施、「当事者の語りプロジェクト」と称した、介助者とともに自立生活を送る重度障がい当事者へのインタビューなどの情報発信活動をおこなっています。

この「わをん」の活動は、ほかの当事者の方の支援をする、というのが看板になっていますが、むしろ当事者の方たちとのコミュニケーションを通して、とてつもなく多くの発見や知恵、気づきをもらっています。そこで得た気づきを、僕は〝実験〟するかのように自分の事業所運営や介助者との関係性づくりに活かすことができます。そして大学での研究でそれを言語化し、論文にまとめ、社会に広く発信する。さらに、その成果を活用して今度は具体的な当事者の困りごとを解決するために還元していく。そして、その当事者から得た気づきを自分で試してみる……といった具合に、事業所運営、研究、相談支援の三つの活動がトライアングルとなって循環しているのです。今の僕はこの三つの活動によって、まさに生きる力を日々得ています。

次の章では、「重度身体障がい」という身体を生きてきた僕が〈弱さ〉とどう向き合っているか、〈弱さ〉と付き合いながら、今、社会に何を発信したいと思っているかについて触れ、この本の締めくくりに繋げたいと思います。

コラム　「一般社団法人わをん」をつくる

「一般社団法人わをん」について、もう少し詳しく紹介します。「わをん」の活動理念に掲げていることは、僕の実現したい社会像と密接にかかわっているからです。

博士課程修了前後あたりから、「発話困難な重度身体障がい者」であり、研究者でもあるという、希有な経歴を持つ僕のところに、障がい当事者の方から相談が寄せられるようになってきました。僕が当事者事業所を経営していることから、「自立生活をしたいが、地方のため事業所が見つからない」「自分で事業所を立ち上げたいが方法がわからない」といった内容の相談が増えてきたのです。そのような相談に乗っていくなかで、「片手間ではなく、しっかりと相談に乗りたい」と思うようになりました。

そこで僕個人だけで動くのではなく、組織として全国各地の当事者の相談に乗りたいと、二〇二〇年三月に「一般社団法人わをん」を設立するに至ったのです(https://wawon.org/)。最後まで出てこない、出番もあまりない、でもなければ成り立たない。そんな「わ行」に、僕たち重度障がい者の存在を重ね合わせ「わをん」という団体名が生まれました。

「わをん」のミッションは、二四時間介助の必要な重度の身体障がいを持つ当事者と、その人を支える介助者の困りごとを、当事者自身が解決していけるようにすること。すなわち、それは重度障がい者の「当事者力」を高めていくということです。

「当事者力」とは、とても広い概念として使っている言葉ですが、ここでは特に「自身の抱える困難〈弱さ〉を自覚し、社会にその困難〈弱さ〉と解決の方法を訴えていく力」という意味で使用しています。

かつての重度障がい者は、障がい者運動にかかわることで、自身の当事者性を否応なしに自覚し、運動家として成長する機会がありました。しかし現在は、制度が一定程度できあがり、その制度のうえで自立生活が可能となったことで、当事者性に気づき、当事者力を高めていく機会が少なくなっているのです。他方では、障がい者運動が後退すれば、制度が改悪され、自立生活が困難になってしまう危険性も常にはらんでいます。

僕たち「わをん」は、重度障がい者が、自身の困難〈弱さ〉を社会に訴え、社会を変えていく存在になるための場をつくろうと取り組んでいます。

そのため、全国にその地域で先頭に立つような当事者を育てていくことも、「わをん」の重要な取り組みのひとつです。地方在住の重度障がい者が、その地域のほかの障がい者から相談され、さらにその課題を社会にも投げかけていくような存在となれば、その地域は大きく変わっていくと考えます。そして、全国各地でそのような鍵を握る存在としての当事者が育ち、緩やかなネットワークがつくられていけば、障がい者運動を発展させる基礎になっていく。それをめざして、現在も活動を拡大しています。

本文で何度も触れた自薦ヘルパーを普及していくことも、「わをん」の活動の大きな柱の一つです。特に、事業所が不足しているために自立生活を諦めざるを得ない重度障がい者にとって、この自薦ヘルパー制度は非常に有効です。みずから介助者を集めることが可能な自薦ヘルパーを利用することで、事業所数などに左右されることなく、自立生活という選択をしやすくなるからです。また、介助者の育成やマネジメントを当事者が責任を持っておこなうことで、当事者力を高めていくことにも繋がる制度だととらえています。

もう一つ、当事者力を高めるための一環として、「わをん」が力を入れているのは、「介助付き就労」の普及・啓発です。

重度訪問介護は、就学や就労のためなど「通年かつ長期にわたる外出」には利用ができないことになっています(厚生労働省告示第五二三号・二〇〇六年九月二九日公布)。重度訪問介護以外の介助サービスでも、基本的に就学・就労中は公費による介助サービスは認められていません。外出を伴わなくとも、就労中の障がい者の介助費用については公費ではなく雇用している企業が負担する、というのが現在の制度運用になっています(市区町村によって運用は若干異なります)。二〇一九年に舩後《ふなご》靖彦氏と木村英子氏が国会議員に当選されたとき、この問題を耳にされた方も多いのではないでしょうか。

僕もいつか研究者として大学に勤めたいという夢がありますが、介助が欠かせない僕にはこの問題が常にネックとなり、なかなか次の一歩を踏み出すことができずにいます。

なお、二〇二一年現在、自治体ごとの障害福祉サービスの枠内で、重度障がい者の就労中に介助を受けることができる制度が徐々に始まりつつあります。しかし、実施されている自治体は一部に留まっている状況です。また、手続きが非常に煩雑で、かつ自治体ごとに支援対象者や介助に対する報酬単価の設定が異なるなど、まだまだ障がい者の就労の権利が保障されているとは言えません。

「わをん」がこの問題に着目したのは、僕の経験だけでなく、「当事者の語りプロジェクト」を通して、たくさんの全国の仲間と繋がったことがきっかけでした。仲間の多くは就労の〝壁〟にぶつかり、諦め、または命を削って介助者を外した状態で仕事をしていたり、自腹で介助費を賄っていたりと、苦しい状況に置かれています。

なぜそこまでして働くことにこだわるのか、と思われる方もいらっしゃるかもしれません。

心理学者のアルダファーは人間の欲求は「生存欲求」「関係欲求」「成長欲求」に分けられると言いましたが、これは当然障がい者にも当てはまります。「成長したい」「やりがいの持てる何かに挑戦したい」という欲求は、障がいの有無にかかわらず人間であれば当たり前に持っているとされています。

ちなみに僕の博論の主題の一つは、障がい者のコミュニケーション保障でした。けっして感情や認知の能力が失われているわけではないのに、情報の受信や発信に大きな困難を伴う僕のような人々のためのコミュニケーション保障は、最近では人権の保障として注目されるようになってきました。障がい者のコミュニケーション保障は、「はらへった」「あつい、さむい」「痛い、くるしい」「外出したい」というような身体的ニーズ(生存欲求)に限定されてはなりません。そして、「悲しい、つらい」「笑う、怒る」「他者に認められたい」といった、社会的存在であることのニーズ(関係欲求)を満たすコミュニケーション保障だけでもなく、「成長を続けたい」という、人間本来の高次な欲求(成長欲求)を満たすためのコミュニケーション保障も絶対に必要です。僕にとっては博論を書くことが何よりの「挑戦」であり「成長」でした。そのためには特別なコミュニケーション保障が必要だったのです。

しかし、現状の制度では「成長欲求」までをカバーするものにはなっていません。僕の場合はコミュニケーションに特化して考えましたが、コミュニケーション介助の必要ない重度障がい者の多くも、同じ〝壁〟にぶつかり、もがいていることを知りました。「成長したい」「働きたい」と願っても、介助が欠かせないことによって選択肢が限りなく狭められてしまっているのです。

「わをん」では現在、この〝壁〟を乗り越えるため、「介助付き就労」の考え方を広めるための活動に取り組んでいます。そしてこの新しいプロジェクトには、趣旨に賛同する全国の仲間が協力してくれているのです。

僕が、「わをん」の活動で得た大きなことのひとつは、重度障がい当事者の仲間たちとの出会いです。

「わをん」を立ち上げるまで、僕は自身の介助者を集めることに精一杯で、重度障がい者の仲間と繋がることはほとんどできていませんでした。ただこうして、重度障がい者支援の団体を立ち上げたことで、障がい当事者の仲間たちが「わをん」に集まってくれるようになったのです。組織をつくることは、団体の掲げるミッションに共感する、同じ境遇の人が集まる場をつくることでもあるのだと、強く実感しました。

僕はこれから、「わをん」の旗のもとに繋がった仲間たちとどのようにプロジェクトを発展させていくかを考え、とてもワクワクしています。

8章

〈弱さ〉と向き合い、当事者になる

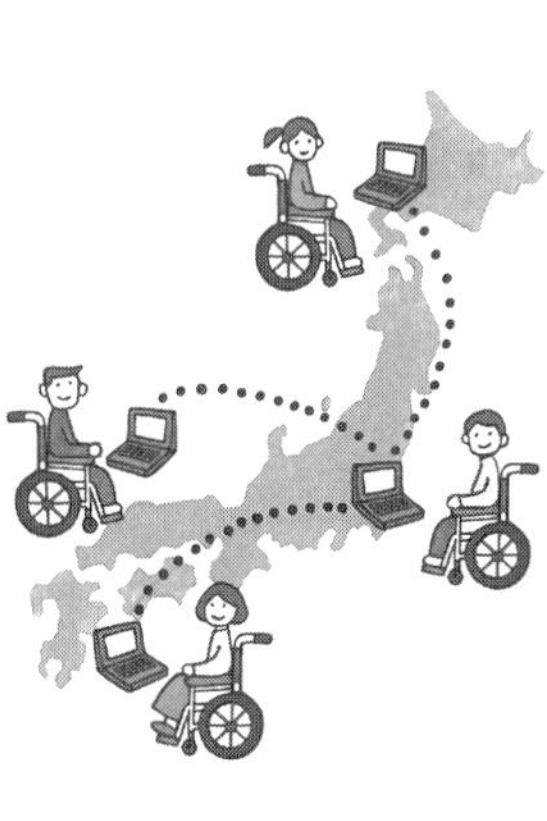

個人モデルから社会モデルへ

みなさんは、「個人モデル」や「社会モデル」という言葉を聞いたことがありますか？

個人モデルは、「医学モデル」という言葉で表現されることもあります。それぞれ、障がいのとらえ方に対する考え方を意味しており、個人モデルとは、障がいはその障がい当事者の皮膚の内側にあり、その当事者が努力したり、治療・リハビリによって治すべきもの、ととらえる考え方です。

社会モデルとはその逆で、障がいは当事者の皮膚の外側にあるもので、当事者が感じる不便や生きにくさは、多数派である「健常者」向けにしか設計されていない社会の側に責任があるとする考え方を指します。

合理的配慮のコラムでも触れましたが、僕の家の近くのファストフード店では階段をおりられない人に対して、階下のカウンターまで行かなくとも、インターホンで買い物ができるような仕組みがつくられています。社会モデルでは、こうした配慮はふつうになされるべきものだと考えられているのです（社会モデルについての詳細は、海老原宏美『わたしが障害者じゃなくなる日』を参照）。

僕はずっと「歩けない自分を変えるのが先だ」と思っていました。そこに階段しかないのであれば、自分の身体をなんとか今の社会に合わせるのが近道だという考えだったのです。個人モデルの考え方のなかで、自分を変えようともがき、結果が出ずに苦しむという繰り返しでした。

しかし、大学や大学院へ行き、介助制度を利用しながら試行錯誤をし、いろいろなことに挑戦していくなかで、社会モデルの考え方を知り、徐々に自分の障がいのとらえ方が変わっていったのです。そして僕が心の底から社会モデルの考え方になったのは二〇一七年の春、自分で事業所を立ち上げる少し前、都立神経病院での検査入院が転機でした。

その入院は、僕がずっと一縷《いちる》の望みと思っていた、脳に直接電極を刺すという手術が可能かどうかを検査するためのものでした。もしもその手術が可能と判断されたら、身体の緊張によって生じる呼吸困難の症状が治るかもしれないと、医師から言われていたのです。僕は心のどこかでずっと、この身体が少しでもよくなり、障がいが軽くなることを期待していました。でも、検査入院の結果は、「手術は大変むずかしく、成功の可能性はきわめて低い。さらに手術をすれば命の保証はない」というものでした。

僕はそのとき、もう個人モデルにしがみついて生きるのはやめようと、ようやく本心から思うことができたのです。それまでは身体を治すためにできる努力はなんでもする、という思いでした。そのため、リハビリのために渡米することも、まだ治験段階であったバクロフェンポンプ埋め込み治療（バクロフェンという薬を脊髄に持続注入する治療法。投与量をコントロールするための機械をお腹に埋め込む手術を要する）を国内二例目として受けることも、そこに迷いはなかったのです。お金も時間も身体的負担もいとわず、両親の協力のもと、できることは可能な限り挑戦してきました。

そんな僕でしたが、都立神経病院の主治医に、「残念ながら、今の医学であなたを治療する方法はありません」という説明を受けたとき、不思議なほどすんなりとそれを受け入れることができました。それは障がい者となって二〇年が過ぎ、障がいが治らなくても介助を利用しながら、あらゆる可能性に挑戦できる、という自信がついてきていたことが背景にあったと思います。

そして僕には、まだ叶えていない夢がありました。それが前の章でも触れた、当事者事業所の運営です。障がいを治さなくても自分の意志でしっかり生きていく方法、自分の目標に向かって前進していく方法はあると思いました。それが社会モデルの考え方でした。重い障がいを取り除かなくても、できない部分は介助者に補ってもらえばよい。そうやって、誰かに管理されることなく、みんなと同じように、自由に生きていこうと決意したのです。

博論でも、自分一人の能力や努力によってではなく、誰かの影響を受けながら、誰かの力を借りながら生産物をつくり上げること（僕の場合は介助者と協働して論文を書き上げること）の価値の見直しについて論じました。

能力は、決して一人の人間の内側にあるだけではありません。それを他者との関係のなかでどう発揮できるか、そうした関係性のうえに存在する能力も間違いなくあるのです。僕は介助者と協働で論文を書きながら、「自分の本質的な能力とはなんだろう……」「介助者ありきで書き上げる論文では、僕の能力は普遍的であるといえないのではないか……」という問いに繰り返し苛《さいな》まれました。

その僕にとって、こうした能力の社会モデル化という考え方は、その問いに対する一つの答えでした。僕は個人モデルから社会モデルの考え方に移行することで、自分の生きづらさが緩和されていくことを感じていたのです。

「能力」という個人モデルを捨てきれず

しかし僕は、社会モデルへの考えを深める過程で、逆に自分が個人モデルから完全に自由になることはできないことも再認識しました。

僕は博論で、介助者との協働によって論文を書くことについて肯定的に論じた、と書きましたが、そもそも僕の大学院進学の動機は「もっと誰かに称賛されたい」「もっと目立ちたい」という思いでした。そして、その称賛は、「僕一人」に向けられるものであってほしかった、というのが紛れもない本音です。高等教育の研究者である山崎博敏氏が述べるように、人文社会系の博論は単著であることが原則で、学位が与えられるのも当然その一人になります。そのため、博論を完成させることができれば、それは「天畠大輔」によって書かれた論文であり、この論文の真の著者は僕であると主張しやすいと考えたのです。その意味で博論は、僕の承認欲求を満たすにはうってつけのものでした。

しかしその意図とは裏腹に、論文執筆の実態は、僕の考えを表出する段階でさまざまな介助者がかかわりながら書き上げるというものでした。このような論文執筆過程は、承認欲求を満たすための「諸刃《もろは》の剣《つるぎ》」です。介助者の存在は、僕の考えを整理し、表出するうえで不可欠なものですが、一方では僕の発信を〝水増し〟する存在でもあり、僕一人への称賛には至らないという危険性もありました。

この不安感が僕の承認欲求をさらに高め、また介助者への「依存」が深まっていきました。

どうしたら、自分の能力を世間に認めてもらえるか、まだまだ努力が足りない、もっともっと頑張らなくては……、といった具合です。

介助者による先読みについて少し補足すると、もちろん文章作成全体において介助者の先読みありきで進んでいるわけではありません。僕が一文字一文字、時間をかけて綴ること、その僕の言葉を介助者がどんどん蓄積することで先読みが可能になります。その一文字一文字を伝えることと、先読みの組み合わせのうえに、僕の論文執筆は成り立っています。

介助者の先読みによって文章を紡ぐことは、決して楽なものではなく、それを受け入れることもまた、当事者側に痛みを伴います。自分の考えに、他者の侵蝕《しんしょく》を許すことでもあるからです。

それでも僕には先読みを排除する選択肢はありませんでした。自分で確実に言葉を紡ぐのはあまりにも時間がかかりすぎて、発話可能なことが前提の社会のスピードにとうてい追いつかないからです。しかし、他者の先読みを用いたコミュニケーション方法では、当然のことですが、その他者の力量・能力に、スムーズさや文章の質が大きく左右されます。

僕は介助者をリクルートする時点でも、ある程度文章作成能力にすぐれた人材を意識的に集めていくようになりました。能力主義（その人の能力でその人の価値が決まる考え方）に翻弄されながら、僕は能力主義からは逃げられないことも同時に知りました。このように、僕は障がいの社会モデルを持っている一方で、能力面においては、個人モデルとして評価されたい自分の欲求も強く自覚することとなったのです。

上野千鶴子教授との出会い

そんな折に出会ったのは、女性学のパイオニア、上野千鶴子教授でした。当時上野先生は、僕のいた立命館大学大学院に特別招聘教授として着任されており、僕は上野ゼミに在籍していました。当初、僕は介助者の専門性にフォーカスして研究することを考えていましたが、上野先生から「個人的なことを徹底的に深掘りしなさい」と言われました。そこで先生から教えていただいた言葉は、フェミニズム運動で用いられた「個人的なことは政治的なこと」というものです。この言葉は、一見、個人的に見える経験が、社会の権力関係や政治構造によってもたらされていることを表現した言葉です。僕はさらにこの言葉を、個人的なつまずきや行き詰まりにこそ、人間の普遍的な問いや社会をよりよくするヒントが隠されている、という意味に解釈しました。

当時、恥ずかしながら僕は「上野千鶴子」がいかに著名な教授かを理解していませんでした。

しかし、初回ゼミの日、赤い髪に赤いコート、そして小柄なのに力強い受け答えをする先生の姿を見て、「ただ者ではなさそうだ」と感じたことを、今でも忘れることはできません。さらに、論文指導で多くの院生たちが泣かされている姿を見て、その予感はすぐに確信に変わりました。

やや脱線しましたが、その上野先生の指導を受けられたことは、間違いなく僕の研究の大きな転換点となりました。上野先生の後押しがあったことで、僕は「当事者研究」に取り組む覚悟を決めたのです。

上野先生からの教えをきっかけに、フェミニズム運動と僕の生きづらさの共通点として、「依存」というキーワードがあることに気がつきました。フェミニズム運動は、男性に心理的、経済的に「依存」することを女性に強要するかのような社会システムに抗議し、そこからの脱却をめざして展開されてきた社会運動です。

一方、僕にとっても、「依存」は大きな人生の課題として立ち現れていました。そのことに気がついたのは失恋がきっかけです。僕は七年間交際した元恋人から別れを切り出された際に、なぜこのような状況になってしまったのか、僕自身にどのような問題があったのかうまく言語化できず、心の重荷になっていました。

それが、当事者研究を深めていくなかで、僕が元恋人に対して、過度な「依存」をしていたことが浮き彫りになっていったのです。将来の結婚相手として彼女をみていたことから、僕にとって秘密な事柄を彼女と多く共有すること、また彼女に僕の生活上のさまざまなタスクをまかせることを、積極的にしていました。たとえば、金銭管理や役所の手続き、僕と両親のあいだのもめごとの調整などといったものです。

一方で、結婚相手に自分の介護の負担をかけたくないとも考えていた僕は、介護の負担を分散するという理由で、両親と自分の家のなかに、彼女が入ってもらうほうがよいと考えていました。しかし、そのことが、彼女には抱えきれないほどの重荷になっていたのではないかと、今では考えています。僕が馬鹿でした。

本気で新しい家族をつくりたいと願うのであれば、僕は両親から離れることをみずから決め、結婚相手とともに、一から新たに自分たちの生活づくりをしていかなければいけなかったのです。しかし当時は、彼女への「依存」を深めれば深めるほど、逆に「この人と僕は特別な関係なんだ」という高揚感を生み、それが彼女の重荷に繋がっていることに僕は気がつかずにいました。

当事者研究を通して、彼女との関係を僕なりに分析できたことに加えて、その背景にあった

「依存」の問題に行き着いたのです。そしてこの「依存」の問題は恋人との関係だけでなく、親や介助者との関係性にも大きく影響を及ぼしていることに気がつくようになりました。

母との距離を取る

ここでは母との関係について触れたいと思います。

前にも触れましたが、母は、医者から見放された僕の残存能力を見逃さず、僕がまた他者とコミュニケーションがとれるようになるきっかけを与えてくれました。また、今のように他人による介助が確立するまでのあいだ、母は、自分の健康や生活、仕事を差し置いても、僕の介護を最優先にしてきてくれました。

そんな母に対して、僕は今二つの気持ちを持っています。ここまで尽くしてくれた母に、親孝行で返したいという気持ちと、母との距離をもう少し取らなくてはいけない、ということです。

以前は一人暮らしをするにも、母との距離が近くないと不安でした。特に体調を崩したときは、僕が介助者に一つひとつ指示することはむずかしく、母に代弁や介護を頼まなければ成り立たなかったからです。しかし、今は細かい指示をしなくても身体介助をまかせられる介助者が増え、臨時対応をしてくれる関係性もできたことで、母への依存度を減らせているように感じます。

先日、夜勤担当の介助者が別の仕事中にぎっくり腰になってしまい、「一歩も動けず、今夜介助に入れなくなってしまいました……」と僕に電話がありました。そこで急遽、近くに住む別の介助者に電話をし、今晩シフトに入ってもらえないか相談したところ、駆けつけてくれました。そして、その介助者が入る予定だった翌日日中のシフトをさらに別の介助者に埋めてもらうことで、乗り切ることができたのです。

今まではそんなときは、母に電話して来てもらうしか選択肢がありませんでした。でも今の僕は、Aさんに頼んでみよう、だめならBさんだ、Bさんもだめなら Cさんだ、そしてどうしてもだめな場合は母に頼もう、と考えることができます。そんな頼れる先が複数持てている状況を実感したとき、「自立」という言葉が僕の頭をよぎりました。そして最近、初めて一人暮らしをしたアパートを引き払い、もう少し実家から離れた場所への引っ越しを決断したのです。

しかし、それでも僕がどうしても断ち切れないものとして、たとえば「料理」があります。母は料理が上手で、栄養豊富なメニューを考えてくれます。黙っていても栄養バランスの整った、僕好みの食事が用意され、さらに食事の準備をしなくてよい分、僕は介助者と別の仕事に時間を割くことができます。それはとても楽な環境で、ついつい料理を食べに実家に立ち寄りたくなってしまいます。僕が母の料理の味を再現できればよいのですが、自分で料理はできないので介助者に指示を出さなければなりません。僕の場合は、介助者にも、母の料理を学んでもらわないといけないかな……と思ってもいます。

一方、数日実家に帰らない日が続くと、「大輔、今日は○○つくるからね」と母から連絡が入ります。これは料理をつくることで、息子を手元から離さないようにしたいという母の願いがあるようにも思えます。

僕の健康を気遣い、介入してくれることは僕にとって助かる面が多いのも事実ですが、そこにずっと甘えていてはいけない、と自分に言い聞かせています。母も年老いていき、今と同じように僕を支え続けてくれることはできません。そして、母にはもっと自分のために生きて、安心して過ごしてほしい。それを考えると、僕は母への「依存」についても、研究していかなければならないテーマだと感じています。

「依存」しなければ生きられない

僕は、「依存」をなくすことを目標にしているわけではありません。なぜなら、ひとつは社会的に弱い立場にあると特定の誰かに「依存」しなくては生きていけない現実があること、さらにいうと、実は誰もが何かしら、物や人に「依存」しながら生きているからです。

自身が脳性マヒ当事者であり、医師であり、研究者でもある熊谷晋一郎氏は、「健常者」と障がい者の違いは「依存」できるものの数の違いである、と主張しています。たとえば、車いすに乗る障がい者の場合、エレベーターがなければ二階に上がることはできませんが（エレベーターにのみ強く「依存」している状態）、「健常者」の場合はエレベーターだけでなく階段やエスカレーターなど、「依存」できるものの数が多く、それ自体を意識せずとも生活が成り立ちます。熊谷氏は障がい者の自立について「依存先の分散が必要」と表現しています。

僕もその主張に賛同しています。自立とは決して「依存しないこと」ではなく、頼れる先をたくさん持っていることだと考えているからです。ただ、熊谷氏のいう「依存先の分散」と僕の考えでは、異なることが一つだけあります。それは、僕のような「発話困難な重度身体障がい者」の場合、「キーパーソン」といえる特定の他者が必要という点です。

知的障がい者とその家族について研究している染谷莉奈子《りなこ》氏は、知的障がいのある子どもから母親が離れがたい背景としては、子ども自身について第三者に伝えるための「説明コスト」が大きく影響しているといいます。僕は知的障がいはありませんが、自分の言葉で発信することに障がいがあることは共通しています。僕らは、自分のことについて自分の口ですぐに説明することができません。そうしたときに、ある程度のまとまった情報を代弁できる存在として、キーパーソンが必要になるのです。その重要性は、たとえば体調を崩して病院を受診するときなどに顕著に現れます。自分の身体状況や受診に至るまでの経過を、僕が一文字一文字、医療者に伝えるとしたら……考えただけでも具合が悪くなります。自分の言葉で説明することは、時間も労力もコストがかかりすぎるのです。

障がいを持ってから長らく母が僕のキーパーソンを担い、父と共同で事業所を立ち上げてからは父がキーパーソンでした。そして独立してからは、その役割は僕の会社のサービス提供責任者が徐々に担うようになっていきました。

キーパーソンが親から介助者に移行したことで、親への「依存」から少しずつ脱却できているという前進した感覚はあったのですが、それでも僕にとって「依存」は大きなテーマでした。というのも、「介助者との依存関係」はずっと僕の頭を悩ませていたからです。論文を書くときも、事業所を立ち上げるときも、僕は特定の介助者に特定のタスクを担当してもらうことで、やりたいことを少しでもスムーズに実現できるよう苦心してきました。しかし、そこからさらに僕のやりたいことが派生していったときに、共有知識を多く持つ介助者に負担が集中してしまったのです。

しかし、「失恋」と同様に、過度の負担集中は長続きしません。僕のほうも、「この介助者がいなくなったら立ちゆかない」という不安が常につきまとってしまうことになります。誰かに「依存」している自分を自覚するのは辛いことでした。

そこで僕は、頼れる先としてのキーパーソンの数を増やすことを試みてきました。具体的には、常勤介助者を増やし、それぞれに重要なタスクを担当してもらい、タスクごとの共有知識を特定の介助者と蓄積していきます。しかし、それだけでなく、それぞれのタスクについてのある程度の情報は、常勤介助者どうしでも共有されるよう横の繋がりも意識しています。そうすることで、誰かが欠けてしまってもキーパーソン介助者がほかに複数人いれば、僕は別の誰かに一から説明する必要はなくなります。このようにして、僕は特定の誰かに「依存」しすぎない関係を担保しているのです。

ちなみに現在僕には、北海道にいる遠隔地介助者も含めて六人のキーパーソン介助者がいます。

発話困難な僕にとって、熊谷氏の言うような依存先の分散は困難です。しかし、このように共有知識の豊富なキーパーソンを増やし、安心して頼れる関係性を多く築いていくことが僕にとっての「自立の道」です。

とはいえ、「依存」の問題がきれいに解消したとはいえません。僕はそれでも、やはり介助者へ「依存」している自分を、特に介助者とともに文章を書いているときに感じるのです。たとえキーパーソンが増えたとしても、僕は「依存」してしまう自分と向き合い続けなければなりません。

〈弱い〉主体としてのあり方も受け入れる

このように僕は他者に「依存」しなくては生きていけないゆえに、その「依存」のあり方について失敗を繰り返しながら、他者との関係性に苦心し、今日まで来ています。今は、「依存」していてもそれに気づければ、あとはこっちのものだ、と考えています。関係性の問題は、常に変化しうる不安定さを持つと同時に、修正が可能という側面もあるからです。今は特定の介助者への「依存」の偏りに気づいたら、そこで情報の共有量をコントロールするなどの工夫によって、バランスを図っています。

しかし、今僕にそれが可能なのは、上野先生に後押ししていただいたことをきっかけに、自分の〈弱さ〉について徹底的に向き合うことを選択したからです。それは正直、すごく怖いことでした。身体が自由に動かず、話せず、よく見えず、残された「考える」ことしか自分を活かす道がないと思い、研究者を志した自分が、研究者として不可欠なアウトプット、文章作成において介助者の能力に「依存」していること。その実態というのは、本来であれば目をつぶりたい、できれば誰にも触れられずにいたい点でもありました。もしかしたら、研究の結果、「僕に研究者は無理」という結論に至るかもしれず、怖さもあったからです。

しかし、研究を進めていくなかで、僕の個人的な悩みや生きづらさが、僕だけの問題ではないことを確信していきました。

僕は何をするにも介助者の手や口を借りる必要があるために、常に介助者との関係性のなかで自己決定をしています。本当はほかにやりたいことがあっても、その日介助に入る介助者によっては諦めざるを得ず別の予定にしたり、本当はもっと違うことが言いたかったのに読み取りがうまくいかず、違う意味で解釈されて話が進んでいってしまうなどです。僕は日々〝妥協〟しながら、自己決定をしているとも言えます。

一見すると僕の自己決定のあり方はとても特殊なように思えますが、本当にそうでしょうか。他者とかかわりながら生きていく以上、「健常者」であっても発話が可能な障がい者であっても、基本はみんな同じです。誰もが、自分以外の他者の影響を受け、ときに〝妥協〟しながら、日々自己決定をしていると言えるのではないでしょうか。「発話困難な重度身体障がい者」である僕との違いは、その度合いとその過程が見えやすいかどうかという点だけだと思います。

そうして研究の結果たどり着いたのが、「〈弱い〉主体としてのあり方も受け入れる」という思いです。他者の意見に左右されながら、そして協働しながら、モノを生み出していくことは、障がいがあるゆえの特別なことではなく、人間誰もがそういった側面を持っています。そのことへの気づきによって、僕の持つ生きづらさは軽減されました。さらに、それがいかに合理的であるかということを論理的に分析していくことで、逆に自分の〈弱さ〉が〈強み〉になることもある、という発見に至りました。

これは単なる発想の転換ではなく、論文として文字化していったことが僕の考え方を変える大きなきっかけとなったのです。論文には査読がつきもので、僕は自分の論文を積極的に査読付き学会誌に投稿していきました。複数の専門家の評価・検証を経ることで、自分の論考が客観的に、科学的に妥当であるという確証を得ていくことができました。

さらに、論文投稿などで僕の生き方そのものを社会に発信していくことが、ほかの重度障がいを持つ当事者の方々にとっても、社会をより生きやすい方向に変えていく可能性を秘めているのではと考えるようになりました。いつしか、僕の研究活動は社会運動の意味もある、と意識するようになっていったのです。

当事者研究に取り組むまで

こうして、研究によって自分の〈弱さ〉を受け入れ、それをむしろ社会運動の武器として活用するような発想を持てるようになったのは、僕の研究手法が「当事者研究」であったためです。石原孝二氏によれば、当事者研究とは、障がいや問題を抱える当事者自身がみずからの問題に向きあい、仲間とともに研究することを指します。二〇〇一年、北海道の「浦河べてるの家」において、精神障がいを持つ当事者のあいだで始まったこの当事者研究は、その後さまざまな疾病《しっぺい》、障がい、属性を持ついわゆるマイノリティの人たちのあいだで広まり、今では大学などアカデミックなフィールドでも、盛んに議論されるようになってきています。

べてるの当事者研究の実践は以前から知っていましたが、大学院入学当初、当事者研究をするつもりはまったくありませんでした。自分の障がいに関連した研究をしたいと思ってはいましたが、「かっこいい研究者になるぞ！」と意気込んでいた僕は、自分の個人的な問題を取り扱う気などさらさらなく、僕やALSの方のような「発話困難な重度身体障がい者」全般を研究対象にしようと考えていたのです。

しかし、実際に大学院で研究に着手してみると、博論の完成というゴールが想像以上に遠いものだということを思い知らされました。さらに、介助者との関係性も暗礁《あんしょう》に乗り上げてしまい（6章参照）、僕はどこに向かってどう進めばよいのか、前がまったく見えなくなってしまいました。

しかし、恩師の先生方がそんな僕の足元を照らしていってくれました。

まず一つは福島先生の博論です。「福島智における視覚・聴覚の喪失と「指点字」を用いたコミュニケーション再構築の過程に関する研究」という先生の論文を読んだとき、個人的な経験がこんなにもストレートに研究対象になるのか、ということに、よい意味で大きなショックを受けました。福島先生が自身の私的な経験を研究の問いとして落とし込み、みずから考察しているその内容に触れ、「僕にも論文が書けるかもしれない」「自分にしか書けない論文はこれかもしれない」と希望を持つことができたのです（福島先生の博論は、加筆修正され、『盲ろう者として生きて』という書籍として出版されています）。

さらに、上野先生が作成された「当事者研究版・研究計画書」のフォーマットには「クレイム申し立ての宛先は誰か」という言葉があり（上野千鶴子『情報生産者になる』）、それを聞いた瞬間、僕は「このフォーマットは使える」と思いました。僕が他者への「依存」や「能力の水増し」で苦しんでいるのは、僕の内面の問題によるものではなく、社会へのクレイムとして、社会構造の問題によるものとして置き換えれば、苦しくて苦しくて仕方ないこの問題とも向き合えるかもしれない、と感じたのです。

また、社会問題とは、誰かが「クレイム申し立て」をすることで、初めて生まれるものである、とも上野先生は言いました。つまり、社会運動とは社会に対する「クレイム申し立て」と言い換えることもできるということです。僕にとって障がい者運動とは、それまでどこか遠い世界の話に感じていましたが、視点が一気に転換され、急に身近に、自分事にも思える感覚を抱きました。

僕は規範的な介助者手足論から逸脱した介助方法で、介助者とともに論文を書いていました。それは自分が弱いから、自分の能力が足りないからで、介助者手足論にのれない自分を変えるしかないのか、と追い詰められていました。しかし、介助者手足論への「クレイム申し立て」をすることで新たな道が見いだせるかもしれない、と思えたのです。

僕はそれまで、自分を「重度障がい者」としかとらえていませんでした。障がい当事者である、とは漠然と考えていましたが、「当事者」という言葉の意味を十分に理解できていなかったように思います。

「ニーズから降りることのできない、問題から離れることのできない、そのような人が当事者だと言い換えることができます」（上野千鶴子『生き延びるための思想』新版）。これらの言葉に触れることで、僕は徐々に自分が「当事者」である、ということに気づかされていきました。僕が抱える問題にとことん向き合うことで、それは僕にしかできない、僕がやるから価値のある研究になるのではないか。確信は持てませんでしたが、そんなふうに研究を少し前進させる勇気が持てるようになりました。

介助者手足論は、絶対に揺るがし得ない正論なのだろうか。そこに苦しめられる僕の当事者性を世に発信することで、自分だけでなく社会も変わる余地があるのではないだろうか。

僕のように、障がいがあっても、何かしらの生きづらさを抱えていても、それは自分の問題である、自分だけの問題であるととらえている人は少なくないと思います。「当事者」であると気づくこと、それは自己と社会を変えるための第一歩ですが、周囲の支援や働きかけがなければ、簡単にできることではありません。さらにその先に、個人の問題を普遍的な問題に接続する方法として、当事者研究を広めることで、今、生きづらさを抱える人にとって、もっと生きやすい社会になるのではないか、といったことを漠然と考えるようになっていきました。そしてその思いは、同じ当事者研究の仲間と出会うことで、強い確信に変わっていくのでした。

当事者研究の可能性

二〇二〇年の障害学会で僕は京都大学の油田氏と「当事者研究」に関する共同発表をおこないました。油田氏は脊髄性筋萎縮症（ＳＭＡ。全身の筋力低下・筋萎縮を生じる先天性かつ進行性の神経筋疾患）の当事者で、二四時間介助を利用しながら一人暮らしをされています。そして介助者との関係性のなかで、介助者手足論の持つ「強い障害者像」規範にのれない自分の苦悩について論文を書かれていました（油田優衣「強迫的・排他的な理想としての〈強い障害者像〉」）。

僕は、自分の〈弱さ〉をさらけ出している彼女の様《さま》に「かっこいい！」と感動を覚えました。また、彼女の論文が、僕の論文の視点と似ていることにも驚きを感じました。それは自分のアイデンティティのウィークポイントを深掘りして研究対象にしていた点です。僕の場合は、「研究者」としてのアイデンティティを持ちながら、自分に著作権があるかどうかで揺らいでしまい、彼女は介助者手足論のような「強い障害者像」にアイデンティティを持ちつつ、その規範にのれない自分の〈弱さ〉に苦しんでいました。

そして、彼女の論文を読んでの一番大きな収穫は、当事者研究が単に個人の生きづらさを軽減するための「カウンセリング」としての機能を持つだけでなく、「社会変革」の道具になっている、ということに気づかされたことです。当事者研究を論文化して発信していくことは、社会を変えていくためのツールとして大きな可能性を秘めているのではないか、僕のなかにそんな問いが生まれ、そのことについてもっと深く知りたいと思うようになりました。そして僕から油田氏にお声がけするかたちで、当事者研究に関する、当事者による研究をスタートさせました。

その最も大きな着眼点は、当事者研究の結果を「論文化して世に発信すること」の意義と可能性についてです。当事者研究をその場限りのものとして終えるのではなく、文字化して発信することは、社会に対してその存在が認知されるひとつのきっかけとなります。また、社会に対して行動の指針を示すものとしての機能を発揮する可能性もあります。

前にも触れた、一九七〇年代に障がい者運動を牽引《けんいん》した「青い芝の会」は、自身の理念を組織内外に示すものとして行動綱領を策定しました(詳しくは、横田弘『障害者殺しの思想』増補新装版、横塚晃一『母よ！殺すな』を参照)。そこに書かれた言葉は、障がい者の困難について考え、それを解消していくための行動を取る際の起点・指針となって、社会に影響を与えてきました。同様に当事者研究を文字化し、発信することは、個人の困難がいかなるものかを把握し、その支援の合理性を考える際の指針を提供するものになります。

こうした積み重ねが社会変革をもたらす可能性は多分にあり、当事者研究は「個人モデルから社会モデルへの転換」を最小単位で実現し、社会規範を変える糸口を秘めているのです。

それは別の言い方をすれば、社会運動としての機能もあるということです。

ここで僕は、上野先生の教えに再び立ち返りました。僕は自分を変えたくて研究を始めたのですが、気がつけば、変わるのは僕だけじゃない、社会も変えていかなければ僕以外の重度障がい当事者の人たちの可能性は閉ざされたままだ、と思うようになったのです。これまでの青い芝の会やＣＩＬによる障がい者運動も、根源的な目的は、権利侵害を受けてきた障がい者一人ひとりの個人的な生活のあり方を改善していくことでした。それらの運動の成果として、障がい者の福祉制度は格段に整備されましたが、一方で、障がい者の生活は制度によって、ある意味〝囲われた生活〟になっているともいえます。そして自分のプライベートな生活の問題と、社会運動の必要性が結びつかない人が増えてきているようにも感じられます。このような状況を打開し、「個人的なこと」を「政治的なこと・社会的なこと」に結びつけ、障がい者運動を再び活性化させる可能性が、当事者研究にはあるのではないか、と思うのです。

以上のように、当事者研究がカウンセリングだけでなく、社会変革の道具となることに着目して学会発表をおこないました。

今、改めて思うのは、僕にとって当事者研究は「リハビリ」の過程でもあったということです。自分の考えを、介助者を介してアウトプットしていく力や、介助者と協働で文章を書いていく力を、僕は当事者研究を論文化するうえで鍛えていきました。それは一度、コミュニケーション機能を喪失し、社会と完全に分断された僕が、自分自身を社会に発信していく力を取り戻していくことと同義でした。

また、ここで言う「リハビリ」は、単に僕自身を社会に適応させることをめざしたわけではありません。自分と社会との繋がりを回復する過程で、社会そのものも治療（変革）しながら、再び社会に住み直す過程、それが僕にとっての「リハビリ」でした。そうした意味でも当事者研究は、僕が〝社会復帰〟するために本当に有用なプロセスだったと感じています。

自己表現のすすめ

障がい者だけでなく、何かしらの生きづらさを抱えた人には、当事者研究でなくとも何らかの「自己表現」に取り組むことを僕はお勧めしたいです。

そんな僕が今「わをん」の仲間とともに取り組んでいる活動の一つが、前の章で触れた「当事者の語りプロジェクト」です。僕はこの事業について、ほかの障がい当事者の参考となるような情報発信をしたいという思いと同時に、障がい当事者に「自己表現」することのきっかけとしてほしい、という思いがあります。

僕は、障がい者になってから自分の考えを外に積極的に発信できるようになるまで二〇年もの年月を要しました。モデルやノウハウもないなかで試行錯誤し、遠回りもたくさんしました。社会をつくりあげている基本設計が、自分で話せる人、自分で動ける人、自分の目で文字を追える人のためにできているので仕方ないかもしれません。しかし、この現状を変えたいと思いました。

なぜなら、自己表現をしたとき、それを他者に届けたとき、そして他者から評価されたとき、僕は「生きている喜び」を、「社会の一員である自分」を感じることができるからです。

これまで、施設に収容され、管理され、生きる主体性を与えられてこなかった重度障がい者たちは、先人たちの命懸けの運動によって地域で生活する権利をようやく獲得するようになりました。当時は「自立生活」すること自体が運動であり、それを継続することにある意味〝生きがい〟を感じさせる社会状況があったのです。その時代を経て、今の僕たちは（十分でないにしても）社会制度を利用して、地域生活を実現させることが可能になりました。

そしていま、制度を利用して自立生活をする障がい者の多くが直面する問題として、「自立生活をして何をするか」という悩みが多く聞かれます。

さまざまな交渉や手続きを経て、ついに自立生活が叶っても、前のコラムでも触れたように、その先には介助を使いながら働くことができない、という壁が立ち現れます。「企業に雇用されながら介助を使うことは認められない」。これは、公的な介護制度の大きな問題点であると、僕は認識しています。なぜなら、働けないということは、それだけで、一般の人が思い描くような夢や目標の選択肢が一気に狭められてしまうからです。さらに、経済的余裕が生まれにくいことも、何かに挑戦する機会を持てないことに直結します。

今の制度そのものを変えていくためのアプローチも、もちろん必要です。しかし、今現に行き詰まっている当事者や介助者に役立つものはないか。それを考えていた僕は、「自己表現」という重要なキーワードに行き着きました。エッセイ、手記、絵画、写真、動画、ラジオ番組……。自立生活に行き詰まった当事者が「自己表現」のスキルを身に着けることで、やりがいや生きがいのヒントを得て、次の道が開かれる可能性があると考えたのです。

プロジェクト型介助論の提案

実は、当事者がやりがいや生きがいを持つということは、自立生活上欠かすことのできない、介助者の確保と密接にかかわる問題でもあります。障がい者運動全盛期は、無償であっても「障がい者の権利を獲得する」という大きな目的を共有するボランティアが多く集まっていました。現在は、介助の仕事は「賃金を得る」という目的で基盤を固められ、それは介助の安定性を確保する、介助者の生活も守るうえでは不可欠な要素です。しかし、介助の目的が金銭のみになってしまうことで、介助者がやりがいを持ちにくくなってしまっているのも現状としてあり、離職率が高い原因の一つだとも思います。

しかし、当事者が「やりたいこと」「実現したいこと」を持ち、そのプロジェクトの目標を介助者と共有し、それに向かって必要なことを介助してもらう。ときにはプロジェクトの目標達成に必要なことは当事者の指示を待たずとも、介助者から提案してもらうこともあるかもしれません。介助者が自分を押し殺してばかりでなく、当事者の設定する目標の達成に寄与する範囲で自分の意見も出すことができ、それを求められる関係性。それは介助の仕事の新たな魅力になると思うのです。そして僕はこれを「プロジェクト型介助論」と呼んでいます。

僕の場合で言うと、「この本を書き上げて出版する！」「当事者事業所を立ち上げる！」「博論を書き上げる！」「重度障がい者の支援団体をつくる！」といったプロジェクトを実現させるにあたって、特定の介助者たちとその目標・目的を共有し、その介助者チームと実現に向けて協働していきました。介助者たちにも各自の意見を自由に発言してもらうため、当然意見のぶつかり合いや、その介助者を無視して話を進めることがしにくいといった煩わしさが伴います。

しかし、介助者は単に僕の手足としてではなく、個人としてのかかわりも持つために、介助に「やりがい」と「責任」を持つようになります。

一方、あえて述べておきたいこととしては、当事者の生活やプロジェクトに責任を持つのは、あくまで当事者です。当事者より自由に動ける身体をもつ介助者が、ともすれば主体になってしまう危険性もなくはないのです。なので、プロジェクトの最終決定権や責任を持つのは当事者であることを、介助者と確認しあうことも必要になるかもしれません。当事者と介助者がともに取り組み、一部責任をわかちあうプロジェクト型介助論ですが、あくまでイニシアティブと最終責任は当事者が握らなくてはいけません。

選択肢と「ケイパビリティ・アプローチ」

障がいを持ってから大学院卒業まで、僕は自分がどうしたら生きていけるか、それも社会のなかで生きていけるか、自分の居場所と自分で生計を立てる道を探る、その試行錯誤の連続でした。

そして、これまでの自分の経験と、ほかの方のお話を聞くなかで、ひとつのキーワードにたどり着きました。それは「選択肢」という言葉です。たとえば、教育についていえば「特別支援学校」に行きたいか「普通校」に通いたいかを一方的に決められてしまうのではなく、当事者が自由に選択できる状況にあるか、といったことや、環境についていえば安心して暮らせる「施設」を選びたいのか「地域」のなかで自由に暮らしたいのか、それを当事者の本当の希望にもとづいて選べているのか、といった意味の「選択肢」ということです。

障がい者になって僕が痛感させられたのは、障がいがあることによってこんなにも選択肢が狭められるのか、という現実でした。勉強がしたいと要望しても「勉強は必要ない」と作業中心の授業ばかりだったり、大学進学を希望しても「夢を見ないで現実を見ろ」と言われたり、一人暮らしをしたいと願っても「家族がいるのになぜ?」と十分な介助の支給時間をもらえなかったり。周囲から提示されるのは、すでに選びようのない将来像だけでした。

自分の希望を実現させるためには、情報を集め、交渉を重ね、膨大な労力をかけて、その都度、自分の納得できる選択肢を獲得していかねばなりませんでした。

一方で、選択肢が広がることで僕の希望が叶えられた事例もあります。立命館大学大学院時代には当時としては珍しかったスカイプによるオンライン授業を導入してもらい、東京にいながら研究を続けるという選択肢を採ることが叶いました。前にも述べたように、武蔵野市と長年交渉して得た介助サービス支給時間によって僕の生活は支えられているため、慣れた介助者を一から育てることや、もう一度自治体と交渉する労力を考えると、京都へ引っ越すことはきわめて困難な状況でした。そのため、大学側からの支援によって僕の「研究したい」という望みが叶い、その後の選択肢も大きく広がったと言えます。

このように、僕にとって、「障がい者の選択肢が狭められていないか」「選択肢を広げるにはどうすればいいのか」ということが問題意識としていつも頭のなかにありました。そんな折、当時立命館大学で教鞭を執っていた後藤玲子教授の授業で、インドの経済学者でノーベル経済学賞も受賞したアマルティア・センの「ケイパビリティ・アプローチ」を知りました。

「ケイパビリティ」は、日本語では「潜在能力」といわれますが、その人がもつ本質的な能力というよりは、「したいことをする選択の自由がどれだけ保障されているか」「選択可能性がどれだけ大きいか」を表しています。これを障がいの話に当てはめてみると、たとえば身体的な障がいを理由に外出ができないのは、その本人がもつ「したいことの選択肢」を大きく狭めることになるでしょう。この場合、その障がい当事者の「ケイパビリティ」を引き出すために、社会がバリアフリー環境を整えたり、公費で介助者を付けられるようにすることが考えられます。

センの唱える「ケイパビリティ・アプローチ」では、貧困層の人々が貧困の状態から抜け出せないのは、満足に教育を受けられないためであることを問題点の一つとして挙げています。これと同様に、障がい者の社会参加が進まない現状も、その一因として、特別支援学校で卒業後の自立生活に関する教育(公費で介助を使う制度の知識など)がまったくなかったことが挙げられます。実際に僕が「わをん」の活動で出会う当事者の方たちのなかには、特別支援学校における卒業後の自立生活に対する教育の欠如が問題だと考えている方が複数いました。たとえば特別支援学校での進路指導や自立生活に関する教育を改革すれば、障がいをもつ人たちの将来の選択肢が多分に広がっていくと思うのです。

当事者の選択肢を広げる支援をしたい

僕が、重度障がいがある方の「選択肢を増やす支援をしたい」と考えるようになった大きなきっかけのひとつが、前の章でも触れた村下氏との出会いでした。彼は現在、「わをん」でいっしょに理事として活動もしています。彼と知り合ったのは、ALSの診断を受けて間もなくのころでした。僕と同年代の彼の、人生をひどく悲観した生気のない目が、とても印象的でした。

活動拠点を東京に置く僕にとって、富山県に住む村下氏からうかがった地方の現状は驚くものでした。重度障がい者の生活に必須な重度訪問介護を提供する事業所の数は、東京都には二二八二ある一方、富山県は八九事業所とその数にはかなりの開きがあります。当然人口も違いますが、その人口比を加味しても富山には、東京の約半分の事業所数しかありません（二〇一九年度厚生労働省社会福祉施設等調査より）。

さらに問題なのは、事業所数よりも、実態として重度訪問介護サービスを提供できる事業所がほぼないということです。実際に村下氏は県内の六〇の事業所に介助者の派遣を依頼しましたが、重度訪問介護の新規依頼は受けられないと断られてしまったといいます。ALSなど人工呼吸器をつける方々にとって、自立生活を送るためには、重度訪問介護サービスをおこなう事業所や、医療的なケアも可能な介助者からの支援が不可欠です。これが社会に整備されていなければ、地域で暮らしたいと希望しても、その選択肢は実質存在しないことになってしまいます。

村下氏から話を聞いた僕は、彼と相談しながら、彼が富山で自薦ヘルパーを利用できるように支援することにしました。東京にある僕の事業所で、富山の村下氏の自薦ヘルパーを遠隔地登録し、その後もＬＩＮＥやスカイプなどのＩＣＴ（情報通信技術）を活用してフォローアップしていくという体制です。

遠隔地登録とは、富山県在住の自薦ヘルパーを同県や隣県の事業所に登録するのではなく、遠方の事業所に登録し、雇用管理や請求はその事業所がおこなうというやり方です。事業所の所在する自治体によって介護報酬の地域加算が異なるため、本来は当事者が住む地域の事業所に登録するのが望ましいとされています。しかし、自薦ヘルパーの登録を受け入れている事業所はかなり限られるため、地元での登録がむずかしい場合には、遠隔地登録という手法が突破口になることがあるのです。

遠方でも密に連絡が取れる体制準備や自治体との交渉が必要ですが、僕の事業所では現在同じ方法で、福岡県や奈良県などでも事業所不足に苦しむ当事者の支援をおこなっています。

村下氏も、最初からすべて順調だったわけではもちろんありませんが、みずから自薦ヘルパーを集め、育て、今では、自分で介助者派遣事業所を設立し、社長としてその運営を担っています。当事者事業所を立ち上げ、介助者をみずから雇用するようになった彼の表情は見違えるように変化していきました。これは村下氏が介助者を集め、育て、マネジメントすることをみずから担うことで、「どんどんできることが少なくなっていく自分」という自己イメージから脱却し、「責任を背負う主体」としての自分を実感したことが大きく影響しているのではないかと考えます。介助者との関係性においても、単に「介助する／される」というだけの関係ではなくなりました。自分の事業所で介助者を雇用することで、その介助者の生活を支える責任も生じ、自分と介助者がともに支え合っていることが生きるエネルギーとなった、とも感じさせられました。

そして彼は今、富山をはじめ北陸の当事者の方の相談を受け、彼らが自薦ヘルパーを利用できるように支援する活動もされています。僕と彼の繋がりや経験が、また別の当事者に還元されていく、そんな広がりを実感しています。

選択肢を与えられないことによって潜在的な力が発揮できずにいる障がい当事者が、全国にはたくさんいます。「わをん」の活動で出会う当事者の多くも、自分のやりたいこと、能力の発揮を制限された状態で生活しているのです。

そうした話をうかがうたびに、「どうしたらこの方の選択肢が広がるだろうか……」ということに僕は頭を悩ませます。全国各地の当事者一人ひとりが力をつけ、その方がまた地域でほかの当事者をエンパワメントしていく存在となる。そして雪の結晶が広がっていくかのように、全国に発信力のある、地域のパイオニアともいえる当事者が増えていく。それが実現すると、同時多発的に政治を、社会を変える動きが生み出されていく。そんな未来を、僕は今、見据えています。

おわりに

二四時間介助が必要な重度障がい者でも、発話障がいがあっても、こんなふうに本を書くことだってできる……！　これは、僕がこの本を出版することで社会に発したかったメッセージです。しかし、同時に非常に悩んだ点でもありました。それは、能力主義の肯定に繫がるのではないか、という迷いです。障がいがあっても何かを成し遂げられるという価値観は、何かを成し遂げられなければ価値がないというメッセージを与えてしまいかねないからです。

本文でも触れましたが、僕は能力主義を強く内面化している自分を自覚しています。実際に、僕があえて周りの人よりも能力が高いと戦略的に演じることで、数々の信用を得てきたことも事実です。僕だけではなく、多くの障がい当事者、そして障がいの有無に関係なく、今の社会で能力主義から自由に生きられる人はほとんどいないのではないでしょうか。

「生きているだけで素晴らしい」という考え方を「もちろん、その通りだ」と思う自分と、人と比べずにはいられない自分がいます。それは、「他人よりモテたい」「他人より稼ぎたい」

「他人より目立ちたい」と思う気持ちもいっしょです。どうしても、能力主義に強さを感じ、その強さに憧れを持ってしまうのです。

自薦ヘルパーや当事者事業所の仕組みを活用することで、自分の望む生活を構築してきた僕は、それを広めたいと思い、活動しています。それは能力主義ではないでしょうか。

介助者に能力を求め、雇用採否の時点で能力のある介助者を選んだり、能力の違いによって仕事を割り振りしている自分がいます。それも能力主義ではないでしょうか。

能力主義は、個人の努力や責任を求めるあり方です。しかし、重度障がい者の置かれている現状をみれば、個人の努力や責任ではどうにもならないことのほうが多いのです。この本が当事者個人の努力や責任が必要だと主張する本となってしまえば、それは本意ではありません。

僕は介助なしでは何もできません。しかし、だから多くの人とかかわり、深く繋がり、ともに創りあげる関係性を築いていける、それが僕の〈強み〉になっています。能力がないことが〈強み〉なのです。自分だけで何もできないことは、無能力と同義ではないのだと思います。

博論を書いたときの、僕なりの研究の問い（テーマ）の立て方は、できれば隠しておきたいような〈弱さ〉の部分を、前向きに客観的に、社会的レベルからとらえなおして、その合理性を社会に問う、という考え方でした。

能力主義では真っ先に振り落とされてしまう立場の僕が、他方では能力主義にしがみつき、そのフィールドで勝負したい、勝ちたいという衝動から逃れられない、今直面しているこの矛盾。その〈弱さ〉に向き合うことで、僕はまた〈強み〉を見つけられるのでしょうか。

新しい当事者研究のテーマが見えてきました。僕の〈弱さ〉ゆえに繋がってくれた介助者、当事者仲間たちとともに語り、深め、今日も〈弱さ〉を存分に楽しみながら、〈弱さ〉を〈強み〉に変えて、僕は生きていきます。


〈弱さ〉をたくさん持つ僕は、この本を書き上げるまでに、何百、何千という人に支えられてきています。お一人おひとりにお礼を言って回ることはできないのですが、この場を借りて僕にかかわってくれたみなさんにお礼を述べたいと思います。そして、今後とも何卒よろしくお願いいたします。

また、特にこの本の出版にあたって尽力してくれた方について触れたいと思います。

介助者として、最初から最後まで原稿執筆を支えてくれた北地智子さんと斎藤直子さん。一五年以上の付き合いになる二人とだからこそ、「発話困難な重度身体障がい者」である僕が、こうして本を一冊書き上げることができました。改めて感謝の意を伝えさせてください。

この本に書いた、僕の社会変革の実践の道のりを、ともに歩んでくれた「一般社団法人わをん」の仲間たちにも感謝したいと思います。

そして、上野千鶴子先生。当事者研究に取り組むよう背中を押してくださっただけでなく、この本を出版するきっかけも与えてくださいました。いつも厳しく、そして温かく応援してくださり、本当に感謝しております。

また、何度も打ち合わせの時間をとっていただき、僕のことを理解したうえで、本の出版まで支援してくださった編集者の坂本純子さんに、深く御礼申しあげます。

なかなか面と向かっては言えませんが、この場を借りて両親に伝えたいことがあります。二人はどんなに厳しい状況でも、僕の可能性を信じて本当に多くの時間を費やし、経済的なサポート、そして愛情をもって接してくれました。僕をここまで育て、応援してくれてありがとう。心から感謝しています。

そして、この本を手に取ってくださった読者のみなさま。僕のような重度障がい者の生き方に関心を持たれた方は、ぜひ、巻末の文献リストに記載されたほかの方の書籍も手に取っていただけたら幸いです。

最後に、僕の人生のパートナーともいえる、「株式会社Dai-job high」のみなさん。みなさん一人ひとりの存在があったからこそ、僕はこの本を書き上げるところまで来ることができました。これからも互いに人生を支え合い、伴走し合う関係として歩んでいければ嬉しいです。

二〇二一年秋　ホットココアを飲みながら

天畠大輔

著者近影

主要参考文献

●本文中で触れた本（掲載順）

●はじめに

スティーヴン・W・ホーキング著、林一訳『ホーキング、宇宙を語る――ビッグバンからブラックホールまで』ハヤカワ文庫NF、一九九五年

●コラム「あかさたな話法」とは

天畠大輔『声に出せないあ・か・さ・た・な――世界にたった一つのコミュニケーション』生活書院、二〇一二年
鈴木公子『おしゃべり目玉の貫太郎』講談社、二〇〇七年
渡辺一史『こんな夜更けにバナナかよ――筋ジス・鹿野靖明とボランティアたち』文春文庫、二〇一三年

●2章

麦倉泰子『施設とは何か――ライフストーリーから読み解く障害とケア』生活書院、二〇一九年

● コラム　特別支援学校
時事通信社「公的制度で一人暮らし実現　ヘルパー活用、「自立生活センター」が支援◆重度障害、つかんだ自由[1]」『JIJI.COM』(https://www.jiji.com/jc/v4?id=202102jstj10001)二〇二一年六月七日
中西正司『自立生活運動史――社会変革の戦略と戦術』現代書館、二〇一四年
● コラム　合理的配慮
川島聡・飯野由里子・西倉実季・星加良司『合理的配慮――対話を開く、対話が拓く』有斐閣、二〇一六年
● 4章
天畠大輔、前掲書、二〇一二年
● 5章
介護保障を考える弁護士と障害者の会全国ネット編『支援を得てわたしらしく生きる！――24時間ヘルパー介護を実現させる障害者・難病者・弁護士たち』山吹書店、二〇一六年
● コラム　重度訪問介護制度
渡邉琢『介助者たちは、どう生きていくのか――障害者の地域自立生活と介助という営み』生活書院、二〇一一年

6章

岡部耕典「パーソナルアシスタンスという〈良い支援〉」、寺本晃久・岡部耕典・末永弘・岩橋誠治『ズレてる支援！——知的障害／自閉の人たちの自立生活と重度訪問介護の対象拡大』生活書院、二〇一五年
前田拓也『介助現場の社会学——身体障害者の自立生活と介助者のリアリティ』生活書院、二〇〇九年
定藤邦子『関西障害者運動の現代史——大阪青い芝の会を中心に』生活書院、二〇一一年
金満里『生きることのはじまり』ちくまプリマーブックス、一九九六年
究極Q太郎「介助者とは何か？」『現代思想』二六巻二号、青土社、一九九八年
天畠大輔『しゃべれない生き方とは何か(仮)』生活書院、二〇二二年(予定)
岡原正幸「コンフリクトへの自由——介助関係の模索」、安積純子・岡原正幸・尾中文哉・立岩真也『生の技法——家と施設を出て暮らす障害者の社会学』第三版、生活書院、二〇一二年
天畠大輔・油田優衣「当事者研究の新たな可能性について」障害学会第一七回大会、二〇二〇年
渡邉琢「座談会　介助者の経験から見えること」、杉田俊介・瀬山紀子・渡邉琢『障害者介助の現場から考える生活と労働——ささやかな「介助者学」のこころみ』明石書店、二〇一三年

コラム　自薦ヘルパー

大坪寧樹「新田勲との出会い——地域自立生活を実現し、制度の言葉に魂を吹き込んだ「足文字」の真実」『支援』vol.4、生活書院、二〇一四年

新田勲編著『足文字は叫ぶ！――全身性重度障害者のいのちの保障を』現代書館、二〇〇九年
深田耕一郎『福祉と贈与――全身性障害者・新田勲と介護者たち』生活書院、二〇一三年

7章

前田拓也、前掲書、二〇〇九年
立岩真也「自己決定する自立――なにより、でないが、とても、大切なもの」、石川准・長瀬修編著『障害学への招待――社会、文化、ディスアビリティ』明石書店、一九九九年
渡邉琢「自立生活、その後の不自由――障害者自立生活運動の現在地から」『現代思想』四九巻二号、青土社、二〇二一年

コラム　「一般社団法人わをん」をつくる

Alderfer, Clayton P. "An Empirical Test of a New Theory of Human Needs", *Organizational Behavior and Human Performance*, volume 4, issue 2, 1969.

8章

海老原宏美『わたしが障害者じゃなくなる日――難病で動けなくてもふつうに生きられる世の中のつくりかた』旬報社、二〇一九年
山崎博敏「博士論文とその審査――学問分野間の多様性」、広島大学高等教育開発センター編『大学院教育と

学位授与に関する研究Ⅱ』(COE研究シリーズ24)、二〇〇七年
熊谷晋一郎「受け取ったこのバトンはナマモノであったか」、尾上浩二・熊谷晋一郎・大野更紗・小泉浩子・矢吹文敏・渡邉琢『障害者運動のバトンをつなぐ――いま、あらためて地域で生きていくために』生活書院、二〇一六年
染谷莉奈子「何が知的障害者と親を離れ難くするのか――障害者総合支援法以降における高齢期知的障害者家族」、榊原賢二郎編著『障害社会学という視座――社会モデルから社会学的反省へ』新曜社、二〇一九年
石原孝二編『当事者研究の研究』医学書院、二〇一三年
福島智『盲ろう者として生きて――指点字によるコミュニケーションの復活と再生』明石書店、二〇一一年
上野千鶴子『情報生産者になる』ちくま新書、二〇一八年
上野千鶴子『生き延びるための思想』新版、岩波現代文庫、二〇一二年
天畠大輔・油田優衣、前掲発表、二〇二〇年
油田優衣「強迫的・排他的な理想としての〈強い障害者像〉――介助者との関係における『私』の体験から」『臨床心理学増刊　当事者研究をはじめよう』金剛出版、二〇一九年
横田弘『障害者殺しの思想』増補新装版、現代書館、二〇一五年
横塚晃一『母よ!殺すな』生活書院、二〇〇七年
アマルティア・セン著、石塚雅彦訳『自由と経済開発』日本経済新聞社、二〇〇〇年

●僕が薦めたい本（著者名順）

天田城介『〈老い衰えゆくこと〉の社会学』増補改訂版、多賀出版、二〇一〇年

荒井裕樹『差別されてる自覚はあるか――横田弘と青い芝の会「行動綱領」』現代書館、二〇一七年

石島健太郎『考える手足――ALS患者と介助者の社会学』晃洋書房、二〇二一年

上野千鶴子・田房永子『上野先生、フェミニズムについてゼロから教えてください！』大和書房、二〇二〇年

エレーヌ・ミアレ著、河野純治訳『ホーキングInc.』柏書房、二〇一四年

角岡伸彦『カニは横に歩く――自立障害者たちの半世紀』講談社、二〇一〇年

川口有美子『逝かない身体――ALS的日常を生きる』医学書院、二〇〇九年

熊谷晋一郎『当事者研究――等身大の〈わたし〉の発見と回復』岩波書店、二〇二〇年

澤田智洋『マイノリティデザイン――「弱さ」を生かせる社会をつくろう』ライツ社、二〇二一年

ジャン＝ドミニック・ボービー著、河野万里子訳『潜水服は蝶の夢を見る』講談社、一九九八年

立岩真也『介助の仕事――街で暮らす／を支える』ちくま新書、二〇二一年

中西正司・上野千鶴子『当事者主権』岩波新書、二〇〇三年

柳田邦男『犠牲《サクリファイス》――わが息子・脳死の11日』文春文庫、一九九九年

吉藤オリィ『ミライの武器――「夢中になれる」を見つける授業』サンクチュアリ出版、二〇二一年

渡辺一史『なぜ人と人は支え合うのか――「障害」から考える』ちくまプリマー新書、二〇一八年

●著者による本ほか（発行年順）

天畠大輔「『あ・か・さ・た・な』で大学に行く」、ＮＨＫ厚生文化事業団編『雨のち曇り、そして晴れ——障害を生きる13の物語』日本放送出版協会、二〇一〇年
天畠大輔・立岩真也・井上恵梨子・鈴木寛子「インターネットテレビ電話を活用した在宅療養者の社会参加について——高等教育における重度障害学生への支援の取り組みから」『平成二二年度一般研究助成研究報告書』公益財団法人在宅医療助成勇美記念財団、二〇一〇年
天畠大輔「天畠大輔におけるコミュニケーションの拡大と通訳者の変遷——『通訳者』と『介助者』の『分離二元システム』に向けて」『Core Ethics』九号、二〇一三年
天畠大輔・村田桂一・嶋田拓郎・井上恵梨子「発話障がいを伴う重度身体障がい者のSkype利用——選択肢のもてる社会を目指して」『立命館人間科学研究』二八号、二〇一三年
天畠大輔・黒田宗矢「発話困難な重度身体障がい者における通訳者の『専門性』と『個別性』について——天畠大輔の事例を通して」『Core Ethics』一〇号、二〇一四年
天畠大輔「一〇〇〇字提言——大輔さん、本当にいいんですか？」『ノーマライゼーション——障害者の福祉』公益財団法人日本障害者リハビリテーション協会、二〇一六年
天畠大輔・嶋田拓郎「発話困難な重度身体障がい者における『他者性を含めた自己決定』のあり方——天畠大輔を事例として」『障害学研究』一二号、二〇一七年
天畠大輔「『発話困難な重度身体障がい者』の新たな自己決定概念について——天畠大輔が『情報生産者』にな

る過程を通して」立命館大学大学院先端総合学術研究科二〇一八年度博士論文、二〇一九年
天畠大輔「甘え甘えられ、そして甘える関係」『季刊　福祉労働』現代書館、二〇一九年
天畠大輔「『発話困難な重度身体障がい者』の論文執筆過程の実態――思考主体の切り分け難さと能力の普遍性をめぐる考察」『社会学評論』七一巻三号、二〇二〇年
天畠大輔「『発話困難な重度身体障がい者』における介護思想の検討――兵庫青い芝の会会長澤田隆司に焦点をあてて」『社会福祉学』六〇巻四号、二〇二〇年
天畠大輔「『発話困難な重度身体障がい者』の文章作成における実態――戦略的に選び取られた『弱い主体』による、天畠大輔の自己決定を事例として」『社会福祉学』六一巻四号、二〇二一年

天畠大輔

1981年広島県生まれ．96年若年性急性糖尿病で救急搬送された病院での処置が悪く，心停止を起こす．約3週間の昏睡状態後，後遺症として四肢マヒ，発話障がい，視覚障がい，嚥下障がいが残る．2008年ルーテル学院大学総合人間学部社会福祉学科卒業．17年指定障害福祉サービス事業所「(株)Dai-job high」設立．19年立命館大学大学院先端総合学術研究科一貫制博士課程修了，博士号(学術)取得．同年より日本学術振興会特別研究員(PD)として，中央大学にて研究．20年「一般社団法人わをん」設立，代表理事就任．世界でもっとも障がいの重い研究者のひとり．専門は，社会福祉学，当事者研究．

「天の畠に実はなるのか」
http://tennohatakenimihanarunoka.com/

〈弱さ〉を〈強み〉に　岩波新書(新赤版)1898
——突然複数の障がいをもった僕ができること

2021年10月20日　第1刷発行

著　者　天畠大輔《てんばただいすけ》

発行者　坂本政謙

発行所　株式会社 岩波書店
〒101-8002 東京都千代田区一ツ橋2-5-5
案内 03-5210-4000　営業部 03-5210-4111
https://www.iwanami.co.jp/

新書編集部 03-5210-4054
https://www.iwanami.co.jp/sin/

印刷・理想社　カバー・半七印刷　製本・中永製本

ISBN 978-4-00-431898-9　Printed in Japan

岩波新書新赤版一〇〇〇点に際して

ひとつの時代が終わったと言われて久しい。だが、その先にいかなる時代を展望するのか、私たちはその輪郭すら描きえていない。二〇世紀から持ち越した課題の多くは、未だ解決の緒を見つけることのできないままであり、二一世紀が新たに招きよせた問題も少なくない。グローバル資本主義の浸透、憎悪の連鎖、暴力の応酬――世界は混沌として深い不安の只中にある。

現代社会においては変化が常態となり、速さと新しさに絶対的な価値が与えられた。消費社会の深化と情報技術の革命は、種々の境界を無くし、人々の生活やコミュニケーションの様式を根底から変容させてきた。ライフスタイルは多様化し、一面では個人の生き方をそれぞれが選びとる時代が始まっている。同時に、新たな格差が生まれ、様々な次元での亀裂や分断が深まっている。社会や歴史に対する意識が揺らぎ、普遍的な理念に対する根本的な懐疑や、現実を変えることへの無力感がひそかに根を張りつつある。そして生きることに誰もが困難を覚える時代が到来している。

しかし、日常生活のそれぞれの場で、自由と民主主義を獲得し実践することを通じて、私たち自身がそうした閉塞を乗り超え、希望の時代の幕開けを告げてゆくことは不可能ではあるまい。そのために、いま求められていること――それは、個と個の間で開かれた対話を積み重ねながら、人間らしく生きることの条件について一人ひとりが粘り強く思考することではないか。その営みの糧となるものが、教養に外ならないと私たちは考える。歴史とは何か、よく生きるとはいかなることか、世界そして人間はどこへ向かうべきなのか――こうした根源的な問いとの格闘が、文化と知の厚みを作り出し、個人と社会を支える基盤としての教養となった。まさにそのような教養への道案内こそ、岩波新書が創刊以来、追求してきたことである。

岩波新書は、日中戦争下の一九三八年一一月に赤版として創刊された。創刊の辞は、道義の精神に則らない日本の行動を憂慮し、批判的精神と良心的行動の欠如を戒めつつ、現代人の現代的教養を刊行の目的とする、と謳っている。以後、青版、黄版、新赤版と装いを改めながら、合計二五〇〇点余りを世に問うてきた。そして、いままた新赤版が一〇〇〇点を迎えたのを機に、人間の理性と良心への信頼を再確認し、それに裏打ちされた文化を培っていく決意を込めて、新しい装丁のもとに再出発したいと思う。一冊一冊から吹き出す新風が一人でも多くの読者の許に届くこと、そして希望ある時代への想像力を豊かにかき立てることを切に願う。

（二〇〇六年四月）

福祉・医療

新型コロナと向き合う　横倉義武
〈弱さ〉を〈強み〉に　天畠大輔
がんと外科医　阪本良弘
医の希望　齋藤英彦編
〈いのち〉とがん 患者となって考えたこと　坂井律子
ルポ 看護の質　小林美希
健康長寿のための医学　井村裕夫
和漢診療学 あたらしい漢方　寺澤捷年
在宅介護　結城康博
医と人間　井村裕夫編
医療の選択　桐野高明
納得の老後 日欧在宅ケア探訪　村上紀美子
移植医療　橳島次郎 出河雅彦
医学的根拠とは何か　津田敏秀
転倒予防　武藤芳照
看護の力　川嶋みどり

心の病 回復への道　野中猛
重い障害を生きるということ　髙谷清
肝臓病　渡辺純夫
感染症と文明　山本太郎
ルポ 認知症ケア最前線　佐藤幹夫
医の未来　矢﨑義雄編
パンデミックとたたかう◆　押谷仁 瀬名秀明
介護 現場からの検証　結城康博
腎臓病の話　椎貝達夫
がん緩和ケア最前線　坂井かをり
新型インフルエンザ 世界がふるえる日◆　山本太郎
児童虐待　川﨑二三彦
生老病死を支える　方波見康雄
医療の値段　結城康博
ぼけの予防◆　須貝佑一
認知症とは何か　小澤勲
障害者とスポーツ　高橋明
放射線と健康　舘野之男

定常型社会 新しい「豊かさ」の構想　広井良典
健康ブームを問う　飯島裕一編著
血管の病気　田辺達三
医の現在　高久史麿編
日本の社会保障　広井良典
高齢者医療と福祉　岡本祐三
看護 ベッドサイドの光景　増田れい子
医療の倫理　星野一正
腸は考える　藤田恒夫
光に向って咲け　粟津キヨ
リハビリテーション　砂原茂一
指と耳で読む　本間一夫
文明と病気 上・下　H・E・シゲリスト 松藤元訳
自分たちで生命を守った村　菊地武雄